prometeo
libros

La tesis

Cómo orientarse en su elaboración

H. Daniel Dei

La tesis

Cómo orientarse en su elaboración

prometeo libros

Dei, H. Daniel
   La tesis : Cómo orientarse en su elaboración - 4a ed. -
Buenos Aires : Prometeo Libros, 2011.
   162 p. ; 21x15 cm.

1. Tesis Universitarias-Elaboración. I. Título
CDD 378.125

Cuidado de la edición: Magalí C. Álvarez Howlin

© De esta edición, Prometeo Libros, 2011
Pringles 521 (C1183AEI), Ciudad Autónoma de Buenos Aires
República Argentina
Tel.: (54-11) 4862-6794 / Fax: (54-11) 4864-3297
e-mail: distribuidora@prometeolibros.com
http://www.prometeoeditorial.com

Índice

La gratitud es una virtud
que fortalece nuestra condición humana
y ennoblece tanto a quien agradece
como a quien sabe aceptar el reconocimiento.
Este libro nunca habría sido escrito
sin el entusiasmo de mis alumnos.
Con ellos compartí la aventura
de alcanzar sus objetivos profesionales
y aprendí la importancia de acompañar
su deseo de superación,
más allá de las obligaciones institucionales.

*A mis alumnos
de los distintos cursos de metodología y taller de tesis
y a usted,
que se incorpora a este grupo,
dedico este libro, apenas un retal de sus historias.*

H.D.D.

Introducción

Propósito de este libro

Este modesto texto es producto de una necesidad surgida de la tarea, a la vez fascinante y compleja, de orientar a los alumnos que deben concluir sus estudios universitarios o de posgrado con un trabajo final, tesina o tesis. *Fascinante*, porque uno no puede menos de sentirse satisfecho de que sus alumnos descubran al cabo de pocas sesiones regulares un potencial personal que no imaginaban en la primera clase, aprendan a desarrollar capacidades dormidas y desplieguen habilidades que le servirán para toda su vida profesional. *Compleja*, porque más que una actividad metodológica tiene la forma y el sabor de encuentros terapéuticos, ya que se trata de contener ansiedades y dar confianza en la práctica del hacer. En otras palabras, lo que debería constituir una consecuencia natural de la formación profesional y académica pareciera sucumbir (y muchas veces sucumbe) en el momento de objetivar los conocimientos y mostrar los intereses que se cultivaron durante el tiempo de estudio.

Así como en un tiempo la teología decía la última palabra, hasta que descubrimos (con los grandes teólogos y filósofos) que la cuestión de Dios es un asunto demasiado serio para trazar coordenadas y fórmulas simples de inteligibilidad, nuestra época dio lugar a la fama de epistemólogos y metodólogos, los nuevos teólogos de la razón científica, y la fe en las verdades de sus reflexiones y procedimientos vinieron a sustituir inclusive el silencioso, tenaz y metódico esfuerzo de los científicos, quienes poco o nada "sabían" de las versiones *ad infinitum* de hipótesis, diseños, clasificaciones y estilos de protocolos. Hemos logrado finalmente confundirlos. Hoy, destacados investigadores se cuestionan no sólo por la criticidad de su modo de proceder –un asunto siempre necesario, es más, imprescindible–, sino por lo propio o impropio de sus procedimientos y referencias, conforme a unas u otras normas que algunas instituciones han sabido difundir como si fueran las únicas correctas, en una suerte de libro *Guinness* de los diferentes *Citation Index* o manuales de estilo. Sin duda, este avance del formalismo tiene sus ventajas para la claridad expositiva y el control de las fuentes o la réplica en contextos diferentes de los fundamentos de la investigación, pero también sus desventajas: la exageración necesaria que viene de la mano de la burocracia institucional y del aparato publicitario de ciertas organizaciones académicas, profesionales o de otro tipo que han hecho de las normas de estilo un segmento de mercado apreciable.

A este nuevo compromiso con las figuraciones y las precisiones ajustadas a modelos preestablecidos se ha sumado la idea corriente de que el pensamiento puede suplirse con cursos de metodología de la investigación; de ahí que se ha generalizado en los planes de estudio de todos los niveles de educación formal la inclusión de actividades de investigación científica y de formación metodológica, como si la presencia curricular de ellas pudiera dar por tierra con el saber opinativo, acientífico. El resultado ha sido la proliferación de proyectos que llevan ese nombre –pocas veces fecundos– y una afanosa y competitiva actividad estadística que da cuenta de este entusiasmo por la investigación. Sin embargo, hemos podido comprobar en la práctica que no se trata de que cada alumno logre ser un consumado metodólogo para realizar su trabajo final o su tesis. Es indudable que ciertos conocimientos son imprescindibles y habrá que contemplarlos en cualquier plan de estudio; la orientación de sus maestros, tutores o docentes especializados debería servir para ello, siempre y cuando las propuestas pedagógicas no estimaran más importante transmitir un reflejo de las discusiones de los expertos que la *práctica del hacer* a partir de los intereses temáticos que mueven a los estudiantes a concretar sus proyectos de investigación y, en consecuencia, de sus trabajos de tesis.

Alcances y limitaciones de este libro

Este libro no tiene otra aspiración que facilitarle a usted algunos de los elementos fundamentales para que pueda elaborar su trabajo final o de tesis sin las angustias habituales generadas por la incertidumbre, el perfeccionismo, la omnipotencia o, su contracara, el sentimiento de minusvalía, los cuales sobrevienen en la instancia final de los estudios. De ahí que el texto ha sido escrito alentado por la expectativa de evitarle complicaciones adicionales a las que ya tiene y aliviarlo de tensiones cuando los problemas de detalle le hacen perder la perspectiva y el sentido de su tarea.

No se trata sin embargo de simplificar lo complejo, ni hacer fácil lo que a veces es naturalmente difícil. Y lo naturalmente difícil no depende tanto de la estructura de su trabajo, la redacción adecuada y otras formalidades sin duda indispensables, como de su personal y seria dedicación a la investigación, la claridad de los objetivos que se ha fijado, el planteo correcto del problema que se propone investigar, las conjeturas que ordenarán su estudio, la respuesta a ese problema y los medios que debe seleccionar para alcanzar sus objetivos.

La Tesis. Cómo orientarse en su elaboración quiere ser, como es naturalmente un buen libro, un amigo que lo acompañe sin interferencias para que usted alcance su objetivo personal y profesional, precisamente en esta instancia en la que debe culminar sus estudios de grado o posgrado. Como amigo que bien quiere servirle, no sustituye pues su responsabilidad con la tarea y el empeño que debe poner para realizarla. En realidad, ni este libro-guía ni manual alguno podría hacer tal cosa, ni debería pretenderlo. Por eso sólo busca orientarlo en la elaboración de su trabajo final de la manera más *práctica* y amena posible; esto quiere decir que sus contenidos, sugerencias, indicaciones, procurarán acompañarlo para que logre su objetivo, y lo logre con la satisfacción de descubrir en el esfuerzo de concretarlo un mayor nivel de conciencia de la problemática de su disciplina y de acceso crítico a la realidad desde su área de competencia, a la vez que integrar y agregar valor a los conocimientos adquiridos durante sus estudios.

En este sentido, debe saber desde el comienzo que el producto de toda investigación de tesis es la coronación de un esfuerzo –*el suyo, sólo el suyo*– de dedicación, orden, rigor y, sobre todo, *perseverancia* en el objetivo, disciplina de trabajo constante, aprovechamiento del tiempo que haya dispuesto para realizarla y además, obviamente, contar con los conocimientos adecuados iniciales para emprender la tarea.

Algunos de estos problemas de ordenamiento no serán más que un obstáculo circunstancial en la medida que adopte las sugerencias oportunas que le iré señalando en la confección de los planes previos. En este sentido, sé que este libro podrá ayudarlo ante las dudas e inquietudes que le surjan, en particular, cuando usted se ponga a la tarea de pensar y volcar en palabras lo que ha observado, experimentado y pensado como resultado de la investigación. Por esa razón, *la secuencia de contenidos de este libro la he diseñado siguiendo el orden habitual en que se elaboran este tipo de documentos, respetando con ello las exigencias frecuentes de las instituciones académicas, los usos generales que en el plano internacional tienen los modelos estándar de estos documentos, y los requerimientos formales por los que deberá transcurrir su empeño. Este libro atiende también, asumiendo una clara postura epistemológica, a la realidad práctica que establece diferencias entre las ciencias experimentales y las ciencias sociales, las humanidades y la filosofía respecto del empleo de modelos de documentos y modalidad de referenciar las fuentes. Espero que esta decisión sea un aporte útil para quienes como usted no se vean obligados a enfrentar disyuntivas innecesarias y puramente formales, al tiempo que ayude a desmitificar la preeminencia de un tipo de investigación por sobre otras.*

Empero, no encontrará aquí seguramente el desarrollo minucioso de los momentos estrictamente administrativos del proceso de realización de trabajos finales y tesis, tales como la elección de su tutor y las instancias formales de aceptación de su propuesta, porque poco es lo que podría decirle que usted ya no sepa a esta altura y, además, porque los procedimientos de detalle son de exclusiva competencia de las instituciones, la cuales tienen la obligación de aconsejarle al respecto.

De ahí que este libro no reemplaza "absolutamente" la consulta de textos análogos que circulan en nuestro medio, muchos de ellos excelentes, y que pueden ser de utilidad en aspectos puntuales –por ejemplo, cómo hacer el diseño de encuestas– durante la elaboración de su tesis. Esos aspectos puntuales no son tratados aquí para no desviarlo de sus dos propósitos básicos: saber cómo hacer el plan o proyecto de tesis y cómo encarar el informe o documento final. Encontrará en los docentes a cargo de las asignaturas, seminarios de metodología de la investigación o talleres de tesis incluidos en el plan de estudio de su carrera, la satisfacción de estos otros conocimientos específicos.

Sin embargo, como sé de las ansiedades y que nada es suficiente para calmarlas, he destinado un capítulo para informarle sobre el material que puede examinar adicionalmente. De algunos de ellos me he permitido una brevísima reseña, apenas unas líneas, para facilitar su tarea de consulta en el caso de que necesite ampliar la información. En realidad, confío en que el valor agregado más importante de este libro sea, además de lo expresado precedentemente, la desmitificación de los esoterismos que suelen envolver la empresa que usted ya ha comenzado a dar a luz, sin renunciar al rigor que exige el objetivo de elaborar un documento final de tesis. Estimo por eso que podré ayudarlo en esta instancia decisiva de sus estudios en la medida en que sepa comunicarle con sencillez y entusiasmo mi propia práctica docente en la formación metodológica de investigadores y tesistas, quienes ya han logrado el cometido al que usted ahora aspira, enriqueciendo el mundo académico, profesional y científico con sus aportes. Estoy efectivamente convencido de ello, digo, porque muchos de mis alumnos han sido y son graduados de carreras en las cuales los planes de estudio contemplan poco o nada la expresión escrita y los procedimientos de investigación como núcleos de su formación profesional. No obstante, es razonable que no deje de pensar ahora que no será para mí una tarea fácil, puesto que esos logros de mis alumnos han sido resultado de sus potencialidades y empeño personales y del clima logrado durante las clases, más que un mérito mío y del equipo de docentes que, en muchas ocasiones me ha acompañado en esta tarea.

Sin duda, pensar en grupo, intercambiar inquietudes y compartir los logros de otros es siempre estimulante y beneficioso en esta actividad. De cualquier modo espero que encuentre en estas páginas los recursos básicos para llevar a cabo su empresa, tales como las preguntas disparadoras sobre los ítems que suelen solicitarse en trabajos de este tipo, correspondencias y diferencias formales de los documentos empleados en ciencias experimentales o en ciencias humanas y filosofía, modos de referenciar las fuentes que emplea conforme a estilos hoy en uso y, en fin, advertirle, cuantas veces pueda, que no se distraiga de su objetivo por detenerse en excesos de tecnicismos.

Agradecimientos

Así como ninguna obra sale de la nada, al menos entre nosotros, los mortales, tampoco este libro habría sido escrito finalmente sin los antecedentes de una historia que reúne en el esfuerzo a alumnos, colegas y editor, cuyas presencias se esconden en cada página. Especialmente, quiero reconocer en esa historia que ahora comparto con usted la paciencia y los consejos profesionales de la profesora Silvia D. Maeso, mi esposa, la confianza de Raúl Cairoli, mi editor, la generosa contribución en temas puntuales referidos a los modos de citar en ciencias experimentales y al uso de la estadística de los profesores Zulema Coppes*, Eduardo Cozza** y Carlos Enrique Ezeiza Pohl ***, respectivamente; también, la revisión y sugerencias que hiciera para esta edición Lucía Alejandra Destro ****, a partir de la experiencia que ambos compartimos en los seminarios de tesis de la UBA y la USAL, y el apoyo permanente recibido de los profesores Ricardo Álvarez, Verónica Litoxoos, María Cristina Menéndez, Marta Biagi y Andrea Gastron. A todos ellos mi agradecimiento y las disculpas si advierten que no siempre atendí sus consejos.

* Doctora en Ciencias, orientación Bioquímica, con un posdoctorado en el Instituto Scripps, Universidad de California, San Diego, EE.UU. Fue Profesora de Bioquímica en la Facultad de Ciencias (1967- 1985) y desde 1988 en la Facultad de Química de la Universidad de la República del Uruguay.

** Doctor en Ciencias Químicas por la Universidad de Buenos Aires, con un posdoctorado en la Universidad de Missouri, Columbia, EE.UU. Profesor Titular de Estadística y de Química Biológica Analítica.

*** Licenciado en Psicología (UBA), Magister en Política y Gestión de la Ciencia y la Tecnología (CEA-UBA). Profesor titular de Metodología de la Investigación, Diseño de Tesis en carreras de grado y postgrado. Doctorando en Sociología en la Universidad Católica Argentina.

**** Doctora en Ciencia Política y licenciada en Sociología por la USAL. Profesora de Metodología de la Investigación y Seminarios de Tesis en la USAL y en la Maestría en Seguridad Informática de la Universidad de Buenos Aires. Se desempeña como Secretaria de Investigación en el INUN.

CAPÍTULO 1

El contexto de realización de los trabajos finales académicos

Hay dos misiones básicas que las universidades deben cumplir:

1) la enseñanza superior, esto es, la transmisión al más alto nivel de conocimientos actualizados de diversas disciplinas; y

2) la investigación. Esto supone tanto la formación de recursos humanos en los métodos y técnicas propios de la investigación en ciencias y humanidades, como la práctica efectiva de ella, mediante la focalización y el desarrollo de áreas específicas de conocimiento.

Por ello, la misión de formar alumnos en investigación debe reflejarse en los diferentes niveles de acreditación profesional (trabajo final, tesina de grado, especialización) y académica (tesis de maestría y doctorado) que otorga una universidad. Consecuentemente, los estudios de doctorado deben acreditar la capacidad investigadora de sus alumnos concretada en su máxima expresión en la tesis doctoral.[1]

Ahora bien, cada una de estas instancias "administrativas" implica una exigencia también distinta. Aunque en todos los casos se supone el empleo de los procedimientos frecuentes en la investigación científica (que, con importantes diferencias metodológicas pero *nunca* con menos rigor, son

---

[1] En la actualidad, el Ministerio de Educación, Ciencia y Tecnología de la Argentina reconoce tres tipos de posgrados: especialización, maestría y doctorado. Los títulos y la denominación correspondientes a cada uno de ellos son: especialista, magíster y doctor. El título de máster o master (en nuestro país no hay aún acuerdo generalizado sobre el uso de la tilde, sí, en cambio en España) carece, en realidad, de validez académica. Su empleo se realiza por influencia de la publicidad dada a estos mismos estudios en los EE.UU. y posteriormente en España.

exigibles en la investigación en humanidades o ciencias sociales y filosofía), el resultado esperable de una investigación no será el mismo, por ejemplo, para un trabajo final, una tesina o una tesis de doctorado.

Estas diferencias en la exigencia atienden, entre otros factores, al nivel de conocimientos y a la finalidad formal de alcanzar una titulación determinada, de modo que el alumno objetive en un *documento* su nivel de idoneidad en el campo de la especialidad disciplinaria en la que se ha capacitado.

Para todos los casos, sin embargo, no se trata de que usted deba convertirse, previamente a la realización de su trabajo de investigación a los fines profesionales o académicos, en experto en metodología –tal como lo he señalado ya en la *Introducción*. Simplemente, es menester que adquiera los conocimientos teóricos y prácticos, desarrolle habilidades intelectuales y actitudes personales necesarias que le permitan decidir qué instrumentos seleccionar para diseñar su proyecto de investigación y de qué modo podrá adecuarlo a sus intereses temáticos. Por ejemplo, conocimientos específicos sobre matemática, estadística, lingüística o, aún peor, tomar posición sobre la última discusión epistemológica, sólo serán necesarios si se aplican al tema elegido, esto es, si son pertinentes al asunto sobre el que versa su estudio. Sí, *es fundamental que usted sepa de qué recursos dispone para diseñar y realizar rigurosamente su investigación*. Y, por supuesto, dónde hallarlos o a qué expertos consultar si son fundamentales para su trabajo.

El apoyo institucional

El primer paso –imprescindible– para alcanzar su propósito es evaluar con qué recursos institucionales usted cuenta. Para eso debe:

1) Averiguar si la institución con la que se ha comprometido a realizar su trabajo final o tesis tiene normativas específicas al respecto. Todos los centros de educación superior deben tener obligatoriamente reglamentaciones básicas que ordenen el proceso de las instancias finales de sus estudios de grado y posgrado.

> *2) Reunirse con todas esas reglamentaciones y solicitar a las autoridades de los departamentos o a su director de tesis, en el caso de que fuera un docente o un investigador de esa institución, sobre la existencia de otras normativas más específicas. En los últimos años se ha extendido la práctica en las universidades de definir con bastante detalle modelos de presentación propios de documentos de tesis (anteproyecto, propuesta o plan y trabajo final). En ellos podrá encontrar las condiciones, procedimientos y criterios que su institución le exige formalmente y que facilitarán su tarea, v.g., estructura y diseño de los documentos, organización del material, forma y ordenamiento de los registros de referencias, extensión, etcétera.*
>
> *3) Consultar sobre el equipamiento que su institución le brinda para alcanzar su propósito, por ejemplo, acceso a publicaciones especializadas, bases de datos nacionales e internacionales o disponibilidad de laboratorios propios o gestionados por la institución en el caso de que su proyecto lo requiera.*
>
> *4) Consultar si dispone de asistencia docente técnica y profesional en el marco de las normas institucionales que permita contener sus inquietudes y despejar sus dudas metodológicas, independientemente de su tutor o director de tesis. Por regla general todos los programas de posgrado incluyen por lo menos un taller de tesis o un seminario de metodología de la investigación con ese propósito. Hay, sin embargo, instituciones que amplían la preparación de sus estudiantes con cursos más extensos de formación metodológica, en los que la reflexión ética sobre las ciencias y la investigación está presente.*

¿Por qué afirmo que es imprescindible que usted cuente con esta información inicial? Sencillamente, *si la institución le solicita que presente su investigación final conforme a un modelo, usted ya tiene solucionado un primer problema.* No tendrá que buscar otros en los manuales en uso o en este mismo libro. Sin embargo, podrá consultarlos para definir aspectos puntuales de su investigación, de la elaboración del plan y el documento definitivo. En este libro y en otros que estén a su alcance podrá hacer la consulta pero ya sabiendo que tiene que partir de un marco general que deberá respetar. Es obvio que no es lo mismo comenzar con ninguna orientación que tener a la mano una secuencia de ítems de un protocolo que deberá completar. De cualquier modo, siempre hay un gran margen personal en su trabajo –mucho más de lo que imagina–, el cual depende del tema que ha elegido, los procedimientos adoptados para probar su hipótesis de trabajo y de la destreza que demuestre y *se demuestre a sí mismo* en la investigación y en el estilo de redacción. Estos aspectos más relacionados con su dedicación, su agudeza intelectual y su creatividad, además de la consistencia de las pruebas argumentativas o experimentales que sea capaz de desarrollar para validar su punto de vista, le permitirán producir un trabajo del que usted y sus colegas estarán orgullosos o, en definitiva, simplemente cumplir decorosamente con esta instancia final de sus estudios. Por otra parte, estos factores son siempre fundamentales y esperables en el caso de las tesis de doctorado y de quienes estén interesados en dedicarse a la actividad académica y de investigación.

Recuerde:

√ *Analice cuidadosamente todas las normativas de la institución en la cual realizará su tesis o trabajo final y aproveche todos los servicios que ella le preste para alcanzar su objetivo.*

√ *Respete los requerimientos institucionales. Cualquier esquema inicial aprobado por las autoridades académicas de su centro de estudios le ayudará a ordenar sus ideas y los conocimientos que tiene sobre el tema.*

√ *Siempre hay lugar para su creatividad, cualquiera sea el tipo y formato de documento final que deba realizar. Lo importante es que conjugue creatividad, dedicación especial y criticidad de procedimientos.*

√ *Su tesis será el reflejo de su potencialidad personal y puede orientar su futuro académico y profesional. Cuídese de considerarla solamente como una instancia administrativa de sus estudios.*

CAPÍTULO **2**

Concepto de realización de una tesis

ealizar una tesis significa esencialmente "tomar posición", sostener una postura mediante prueba argumentativa (razonada) o empírica (experimental) [2] en un ámbito disciplinar determinado –en un área de conocimientos–, para resolver un problema, un interrogante aún no resuelto o sujeto a disputa en el marco de un cuerpo de conocimientos propio de una ciencia o un saber. Este problema es el problema de investigación, cuyo abordaje y tratamiento constituirá el aporte con que el tesista contribuirá inicialmente a su disciplina. Pero *el resultado no es necesariamente un cierre de los interrogantes. Lo ideal es que la investigación abra nuevos horizontes mediante caminos alternativos a los conocidos o bien descubra problemas que hasta entonces no se planteaban.* También es importante que el resultado del trabajo de tesis –en especial, el doctoral– permita avances sustantivos o significativos en el área en la que se realiza la investigación, o bien que el producto de su esfuerzo sea fecundo para el desarrollo de conocimientos en otras áreas científicas. En esto consiste habitualmente la exigencia de "originalidad" formulada en las normativas correspondientes de casi todas las universidades.

[2] En las ciencias sociales o humanas, el fundamento empírico suele estar relacionado con el método de la observación, como en psicología o en ciertos estudios antropológicos y sociológicos; o bien con el empleo de técnicas estadísticas aplicadas al procesamiento de datos, por ejemplo, en encuestas. De cualquier modo, no sería incorrecto hablar de «evidencia empírica» cuando queremos referirnos a documentos históricos o legales que sirven de respaldo a nuestras argumentaciones o análisis interpretativos de situaciones. También, y en una suerte de concesión al lenguaje de los enfoques cientificistas, podría hablarse en estos casos de las «consecuencias observacionales» que deducimos de las hipótesis.

Para que estos fines sean logrados naturalmente busque en usted mismo el secreto de la eficacia. Así, en lugar de disponerse a producir un documento con la *única* aspiración de cumplir con ciertas exigencias académico institucionales, es fundamental que en todo momento sea consciente de que en la realización de su tesis o de su trabajo final usted está evaluando el aprovechamiento que ha hecho de sus estudios. Por lo tanto, es *la oportunidad* que tiene de adquirir la experiencia de trabajar científicamente con cierto grado de autonomía, desarrollar en la práctica las competencias necesarias para enfrentar metódica y sistemáticamente otros temas de su incumbencia, al propio tiempo que va incorporando los hábitos propios del pensamiento riguroso (comprensión, definición, distinción, sistematización, criticidad, etcétera.). Este momento de su aprendizaje supone el despliegue de su capacidad reflexiva y crítica en el hacer concreto.

El informe de tesis se lo conoce también con el nombre de "disertación", en especial en el ámbito académico de habla inglesa. En ese contexto cultural la "dissertation" es un requerimiento para acceder al doctorado; la "thesis", en cambio, constituye una exigencia para las carreras de grado o "masters" [Turabian, 1996: 2]. Entre nosotros, el concepto de "disertación" está incluido en el requisito de "defensa de tesis", particularmente en las tesis de maestría y doctorado.

En realidad, la distinción y el título mismo expresan bien la antigua exigencia y la obligación de la defensa en el caso del trabajo doctoral o de la exposición académica inaugural cuando un profesor accedía a una cátedra, que equivalía a sentar una postura sobre una temática definida. En este sentido, es famosa la *Dissertatio* que compone Inmanuel Kant para el acto académico de su presentación como profesor ordinario en la Universidad de Königsberg (1770) y en la que el filósofo traza el punto de partida que lo conducirá a la elaboración de su famosa *Crítica de la Razón Pura*.

La costumbre de defender públicamente la tesis ante un tribunal de notables, e inclusive, de pares, del área de conocimiento en la que el estudiante busca su titulación viene de la Edad Media. La defensa era por entonces la fase de culminación de su formación y salir airoso en el debate con los maestros implicaba ser aceptado como un par por ellos; hoy diríamos, ser aceptado como miembro idóneo en el seno de la comunidad científica o profesional. En la actualidad este procedimiento riguroso de evaluación suele convertirse, lamentablemente, en un mero trámite burocrático.

Todo tiempo pasado no fue mejor

> *De aquella originaria costumbre medieval vinculada a la historia universitaria hoy tenemos todavía la oportunidad de visitar la Capilla Santa Bárbara, en el claustro de la Catedral Vieja de la ciudad de Salamanca. En esa capilla, fundada en 1334 por el obispo Juan Lucero, se conferían los grados universitarios y se celebraba anualmente la elección, proclamación y juramento del Rector de la Universidad. En un sillón frailero, que actualmente está detrás de la tumba del obispo y delante del altar, se sentaba el candidato que aspiraba a sus títulos; en torno de las paredes, sobre una rudimentaria sillería –una especie de largo banco– se sentaban los doctores y catedráticos de la Universidad. Los exámenes duraban todo el día y si el estudiante lograba superarlos y obtenía el grado correspondiente, tenía el derecho de salir triunfante por la puerta principal. De fracasar en sus exámenes debía salir por la "puerta de los carros", donde con seguridad sería objeto de escarnio por parte de otros estudiantes y el pueblo, ya que éstos se quedaban sin los banquetes que sucedían habitualmente a la obtención de los títulos. De aquí también viene la costumbre, hoy un poco olvidada, de "poner en capilla" a un estudiante con un tema, mientras que el tribunal examina a un compañero.*

Recuerde:

√ *En su trabajo debe quedar clara y fundamentada la postura que ha asumido en torno al problema de investigación.*

√ *La tesis es el resultado de la elaboración personal sobre el asunto elegido y no un mero resumen bibliográfico sobre la temática seleccionada.*

√ *La finalidad del trabajo que realice, cualquiera sea –de grado, especialización, maestría o doctorado– debe ser el producto de una investigación rigurosa y sistemática.*

√ *La ciencia es un saber compartido. La comunicación de los resultados de sus investigaciones es tan importante como la rigurosidad de los procedimientos que ha empleado para alcanzarlos.*

Capítulo 3

Exigencias específicas de cada tipo de tesis

En el parágrafo anterior habrá advertido que no he hecho una diferencia explícita respecto de las exigencias formales y de contenido que reclamaría la realización de cada tipo de tesis. Es obvio que esas diferencias existen, ya que no podrían ser iguales las expectativas que las instituciones pueden tener en relación con un trabajo final, "tesis" o tesina de grado, especialización o tesis de maestría y de doctorado. Muchos textos sobre esta misma temática hacen pormenorizados detalles de los requisitos que implica cada uno de estos documentos. Estimo, sin embargo, que *esas distinciones no le serán beneficiosas a la hora de hacer lo que tiene que hacer*.

Dos razones me permito expresarle para fundamentar lo que afirmo:

1) La calidad de su trabajo (relevancia del problema, rigor conceptual, coherencia probatoria y argumentativa, manejo de las fuentes, redacción, etcétera) no puede estar limitada por instancias formales, esto es, "dar o hacer lo que le piden, lo justo"; la calidad de su trabajo dependerá sólo de su capacidad. Existen excelentes tesis de grado y olvidables tesis de doctorado.

2) Por otra parte, es habitual que la propia institución le suministre las normativas formales al respecto. En general, lo que varía para la presentación de trabajos finales profesionales, tesinas de grado (licenciaturas entre nosotros) y tesis de maestría respecto de las tesis de doctorado es básicamente la extensión (cuando corresponde temáticamente), la profundidad del tratamiento del problema y la originalidad o novedad de la propuesta.

3) Lo importante es que comience a planificar su tarea sin estar midiendo cuánto debe o no hacer.

Se supone entonces que si se ha propuesto realizar una tesis de doctorado, usted deberá conocer exhaustivamente lo que se ha dicho sobre la temática que ha elegido.

Como consecuencia de ello planteará una perspectiva diferente (si se trata de una tesis en filosofía o humanidades) o una solución novedosa o más efectiva al problema de investigación (como suele ser el caso en ciencias experimentales y también, en lo que llamaré "ciencias aplicadas" o "tecnología").

En función del objeto de nuestro texto pienso que usted sabrá orientarse bien si apelo aquí, a fin de evitar extenderme sobre este punto y dejarle una idea clara de lo que quiero decirle, a la sencilla distinción que hace Umberto Eco. En filosofía y humanidades, al menos, podemos hablar de "tesis de compilación", apropiadas por ejemplo para el trabajo final de licenciatura o de grado, y "tesis de investigación", sugeridas para la más alta titulación académica.

> "En una tesis de compilación el estudiante se limita a demostrar que ha revisado críticamente la mayor parte de la 'literatura' existente (esto es, de los escritos publicados sobre su tema), ha sido capaz de exponerla con claridad y ha intentado interrelacionar los diversos puntos de vista, ofreciendo así una panorámica inteligente, quizá útil desde el punto de vista informativo para un especialista del ramo que no haya estudiado en profundidad tal problema particular".
>
> [Eco, 2000: 20].

Sin duda, un buen ordenamiento documental permite muchas veces contar con información dispersa. Si esta información se articula adecuadamente facilitará la consulta a otro investigador interesado. Claro que *esta compilación para que sirva a propósitos ulteriores de investigación deberá poner énfasis, precisamente, en el carácter sistemático de los datos allí reunidos, acompañados por un aparato crítico o referencial riguroso, de lo contrario no es útil para un propósito científico.* Por ejemplo, he podido consultar con desaliento en una librería de Barcelona un libro dedicado a transcribir todos los textos en que aparece Dulcinea mencionada en *El Quijote*. Sin embargo, el ordenamiento que el autor de ese trabajo hace, adolece de referencias precisas u orientadoras que permitan ubicar los textos transcriptos en la obra de Cervantes, lo que hace poco provechoso su esfuerzo y dudosa la versión que ofrece, con el agravante de que tampoco se hace mención de la edición utilizada. Por consiguiente, no podría emplearse esa obra como referencia en una investigación literaria.

En cambio, las tesis relacionadas con las ciencias experimentales (biología, química, por ejemplo) realizadas usualmente en el laboratorio, o inclusive los trabajos de ciencias sociales cuando adoptan como diseño de investigación el trabajo de campo, podrá decirse, extendiendo el universo de la distinción señalada, que son *–ab initio–* tesis de investigación.

De cualquier modo todo esto es relativo al proceso mismo del estudio que usted ha decidido realizar y a los medios que utilice, pues en ambos casos, es decir, "tesis de compilación" o "tesis de investigación", es menester ajustarse siempre a los procedimientos propios del método científico.

Cabe aclarar que para el propósito de este libro la expresión "método científico" es empleada en un sentido amplio, con el objeto de incluir a las ciencias humanas y a la filosofía. Entiendo que su significado no debe agotarse en su aplicación a las ciencias "positivas", estrictamente empíricas. Este es para mí el error de muy buenos textos de metodología contaminados todavía con cierta *auctoritas*, "autoridad" vinculada a un paradigma de ciencia que se considera excluyente; tendencia que las mismas ciencias van abandonando y que tiene como supuesto que la única prueba de validez de las proposiciones de una investigación debe ser de naturaleza experimental o, en su defecto, enunciada matemáticamente. Por otra parte, el uso de la estadística, estrechamente vinculada a esta idea de las ciencias y de sus procedimientos metodológicos, no convierte *necesariamente* a la investigación en científica, en sentido estricto. Aun el uso de la estadística requiere un marco adecuado de análisis lógico para validar sus resultados (ver *Apéndice A*). Este aspecto es un lugar común de confusión y desinformación para quienes deben realizar su trabajo de tesis.

Siempre puede haber una excepción

> *Es habitual que en los talleres de tesis algún alumno plantee la duda sobre la extensión del documento que deberá elaborar. Mis colegas tendrán seguramente la experiencia de esto y comentarios análogos. En estas ocasiones uno puede descubrir dos tipos de estudiantes. Aquellos que llevan al aula esta inquietud por un exceso de perfeccionismo y una autoexigencia intelectual que a veces juega en contra de la realización de su tesis. A estos alumnos procuramos contenerlos psicológicamente y alentarlos para que comiencen a expresar sus ideas sin restricciones formales, a sabiendas de su potencialidad personal para llevar adelante seriamente la empresa de escribir su tesis una vez que hayan logrado diseñar adecuadamente el plan de trabajo. Pero están aquellos otros que especulan sobre la cantidad de páginas midiendo su compromiso con la tarea. Estos alumnos son los más difíciles, pues solamente están detrás del certificado final de sus estudios. ¿No cree usted que si estos fueran alumnos de doctorado deberíamos en realidad evitar que alcancen el grado académico que buscan, a menos que cambien de actitud, ya que seguramente repetirán estas mismas conductas especulativas como docentes o como investigadores con sus colegas? La actividad científica y la formación en humanidades requieren además una motivación clara e indubitable por el saber mismo y una honestidad de procedimientos que se verá reflejada naturalmente en la criticidad de la investigación y en la vida profesional ulterior del candidato.*

Sin embargo, a fin de que este punto no sea una preocupación innecesaria para usted, le sugiero a modo de orientación algunas pautas mínimas sobre estos aspectos:

1) La **extensión** del documento está generalmente indicada en los requerimientos institucionales. Si no lo está, entonces dependerá de la naturaleza del tema que ha elegido, la modalidad de trabajo y procedimientos metodológicos que adopte. Pero, normalmente, y en función de las seccio-

nes regulares en que se divide este tipo de documento final o tesis no será menor que las cien páginas ni mayor que las cuatrocientas. De cualquier modo, estas cantidades son *absolutamente relativas* y sólo habrá de considerarlas como una simple referencia. La extensión, repito, no debe ser su problema porque no pasa –o no debería pasar– por esta formalidad lo sustantivo de una tesis.

Un ejemplo histórico de refutación de la burocracia formalista

No hay mejor refutación a la exigencia de un número determinado de las páginas que debería tener un documento de tesis, difundido como obligatorio de manera acrítica en muchas normativas institucionales, que el opúsculo titulado *Proslogion*, escrito en el Siglo XI por Anselmo de Canterbury. En este escrito, el autor funda la tradición de lo que podría llamarse la "prueba directa de Dios", y que hoy conocemos como el "argumento de San Anselmo". Su tesis completa (introducción que incluye antecedentes y marco teórico, planteo del problema, definición de sus términos, prueba argumentativa, conclusión y consecuencias del resultado de la "investigación" [sic] que se ha propuesto) es expuesta en menos de treinta páginas, cualquiera sea el tipo de edición. Sin embargo, su punto de vista, original por cierto, ha llamado la atención desde su publicación, sea en favor o en contra, de filósofos de la talla de Santo Tomás, Duns Escoto, Descartes, Gassendi, Malebranche, Locke, Hume, Kant, Hegel, entre otros.

2) La **tesina** o *"tesis" de grado* o *de licenciatura*, tal como suele denominarse en el ámbito de los estudios superiores de nuestro país y en algunos países hispanoamericanos, del mismo modo que los *trabajos finales en los ciclos de especialización*, constituyen el requisito académico final de la formación en esos niveles. Por ello, en la elaboración de ese documento el estudiante deberá demostrar la capacidad de integración de los conocimientos adquiridos mediante la aplicación de instrumentos metodológicos probados en un asunto o tópico específico, vinculado con la carrera o especialización que ha seguido. Este tipo de documentos puede desarrollarse

como estudios exploratorios acerca de algún tema, o bien, conforme he dicho ya, como la compilación ordenada de una problemática o su actualización en el ámbito de su disciplina.

3) La **tesis de maestría** exige del aspirante, por lo menos, que aplique, profundice y en lo posible amplíe los conocimientos propios del área de la mención de maestría; examine y plantee un problema teórico o práctico con cierto grado de creatividad y sepa responder a ese problema con un diseño de investigación apropiado y habitualmente consolidado por los paradigmas vigentes en el campo de referencia.

4) La **tesis de doctorado** reúne todos los requerimientos formales de una investigación científica, aunque acompañada por las exigencias de carácter académico propias de la institución en la cual el candidato al título de doctor debe defenderla. Contribuye, como ya le he adelantado, al enriquecimiento significativo del saber y, especialmente, debería demostrar en lo posible la independencia de criterio del autor en relación con los paradigmas en uso, tanto metodológicos como teóricos. Para ser más claro, conviene que reúna los requisitos normales de todo proyecto de investigación científica.

El producto de un trabajo de tesis es, reitero, un informe de investigación. Las exigencias para su realización variarán conforme al tipo de titulación que debe completar con ella. Obviamente, el grado de profundidad y alcance de su trabajo depende siempre de sus circunstancias personales. Sin embargo, con frecuencia las instituciones suelen acotar esas exigencias al tipo de estudios de que se trate, por eso sus circunstancias, esto es, sus condiciones personales y los requerimientos formales, serán diferentes, por ejemplo, si está cursando un doctorado o acaba de rendir su última asignatura de grado. Un error habitual es confundir la elaboración de una tesis con una tarea o trabajo práctico, semejante a los que ha tenido que realizar durante sus estudios. La pregunta que da origen a su esfuerzo en esta etapa es sustantivamente diferente. Con buen criterio, el Profesor J. Wolfe de The University of New South Wales de Australia advierte al respecto que el lector de una tarea es normalmente alguien que *ya* tiene la respuesta. En cambio, el lector de una tesis no sabe cuál es *la* respuesta. Sin duda que el lector de su tesis será probablemente un experto en el tema; puede que él tenga una respuesta al problema, pero no necesariamente conoce la suya, en particular si usted está realizando una tesis de doctorado.

Recuerde:

√ *Evite "cavilar" al comienzo acerca del producto final de su traba-jo. En la etapa inicial su atención debe estar concentrada en la lectura de fuentes de información que le permitirán luego elabo-rar con claridad su plan de investigación.*

√ *No se autolimite a las exigencias reglamentarias ni a las pautas sugeridas del tipo de documento que debe realizar, si tiene condi-ciones personales para superarlas.*

√ *Piense que su trabajo reflejará su competencia académica. Debe servirle para descubrir nuevas perspectivas de su disciplina, pro-fundizar los conocimientos y habilidades adquiridos y proyectar su horizonte personal y profesional. No considere este momento como una mera obligación curricular.*

CAPÍTULO 4

Necesidad de una revisión bibliográfica previa a toda planificación

Antes de planificar su tarea e, inclusive, decidir el *tema puntual* de tesis es necesario que consulte buena parte del material bibliográfico sobre los tópicos que han despertado su interés y con los cuales haya tenido algún contacto especial durante sus estudios. Esta afinidad con la temática no significa que usted tenga que estar de acuerdo, ya sea que se trate de un enfoque teórico o de una corriente de pensamiento. Puede ser que su motivación esté alentada por la discrepancia con los enfoques teóricos vigentes o, también, con el modo de instrumentar o llevar a cabo ciertas prácticas reconocidas en la resolución de problemas o procedimientos experimentales. Lo importante en esta etapa es que investigue algunos aspectos que serán fundamentales durante el desarrollo de su trabajo. Algunos de estos aspectos se relacionan no sólo con su interés y su entusiasmo sobre el tema, sino también con la posibilidad de contar con fuentes primarias de información que traten o tengan que ver con él, los elementos y la infraestructura necesaria que requerirá su trabajo –en el caso de estudios experimentales–, y con la factibilidad de aportar nuevas perspectivas, si el objeto de su tesis es de maestría o doctorado.

Inclusive, en el caso de que usted tenga claridad sobre lo que quiere investigar y cuenta, además, con el acceso a las fuentes apropiadas o a los materiales necesarios, es conveniente repasar la información actualizada sobre los tópicos de su interés. La revisión previa de la información sobre el asunto ya elegido o sobre las alternativas temáticas que visualiza siempre es conveniente para una mejor comprensión, detección y precisión del problema de investigación. Consecuentemente, esa amplitud teórica facilitará la respuesta que intentará dar al problema mediante el enunciado de las hipótesis. Esa revisión bibliográfica, cualquiera sea el tipo de exigencia de su trabajo de titulación, a la vez que le permite ir enfocando el asunto específico de su interés, tiene la ventaja adicional de estar reconociendo el campo en que la problemática que desea abordar se incluye. Ciertamente, no es frecuente o, mejor, es casi una excepción, que este reconocimiento alcance la totalidad de la producción científica en esos estudios particulares pero, al menos, vale que tenga una comprensión cabal, amplia, panorámica, de su complejidad teórica, sea por abundancia o por ausencia de antecedentes. Este reconocimiento es indispensable para hacer previsiones más ajustadas cuando tenga que elaborar el plan de trabajo, el cual constituirá su primera e ineludible tarea; por ejemplo, el tiempo de ejecución, el análisis de documentos y materiales que hasta el momento de la lectura previa no había contemplado y que puede ser que descubra como imprescindibles para su temática. En cualquier caso, habrá aprovechado este tiempo de preplaneamiento, porque le permitirá tener una dimensión más realista de los problemas que afectan el tipo de estudios que quiere realizar.

Para organizar la información producto de sus lecturas puede emplear **fichas de trabajo.** Estas fichas, que no son otra cosa que algunos de los instrumentos diseñados por las clásicas técnicas bibliotecológicas de clasificación y catalogación manual, le permitirán: 1) registrar el material bibliográfico, 2) reproducir entre comillas exactamente un párrafo que considere importante de una obra mencionando página y autor, 3) resumir un texto que por su extensión no puede citarse totalmente, o 4) remitir a otra fuente consultada y relacionar registros entre sí. Cada una de estas necesidades es organizada por un tipo de ficha diferente. Así, para 1) están las *fichas bibliográficas*; para 2) las *fichas eruditas* o *textuales*; para 3) las *fichas de regesto, resumen* o *paráfrasis*; para 4) las *fichas de referencia* o de cruzamiento de información. El uso de estas técnicas era obligatorio en la formación humanista universitaria antes de la aparición y difusión de los sistemas informáticos personales. Su utilidad no se agotaba en la ayuda que prestaba al alumno para organizar sus estudios, preparar trabajos monográficos o sus exposiciones; servía también para registrar y consultar información temática de su interés después de cumplir con sus obligaciones curriculares o cuando no se tenía acceso —lo que era frecuente— al material bibliográfico sin recurrir a las bibliotecas especializadas.

Permítame aquí una digresión a propósito de este tiempo de preparación o de "velar las armas" para la acción. Habitualmente, no asumimos como clave para el buen logro de una actividad ocuparnos de la *etapa de preplaneamiento*. Sin embargo, no sólo en lo que aquí atañe sino en cualquier actividad que realicemos, cuanto hagamos en el momento previo a la ejecución de un proyecto permitirá asegurar un mejor control de las desviaciones normales en que puede derivar un proceso y facilitará su logro sin desandar enteramente lo hasta ese momento realizado. Ya volveremos a hablar sobre este punto cuando tratemos de la importancia del cronograma de actividades en el plan de tesis.

Con frecuencia los extremos son debilidades estratégicas

Como en muchas otras actividades que realizamos, las exageraciones no traen más que perjuicios para alcanzar el objetivo deseado. Le relato una experiencia que seguramente servirá para aliviar sus inquietudes. He escuchado de distintos tesistas las dificultades que han tenido para salir de los extremos, particularmente en este momento de nuestra conversación, referido a la importancia de una buena planificación. Recuerdo especialmente el caso de un experto, cuyos conocimientos eran más que suficientes para emprender la tarea de llevar a la práctica su tesis de doctorado. Sin embargo, en lugar de hacer lo que sabía hacer y bien en el área de su competencia, a la hora de escribir su trabajo de tesis me enviaba cientos de páginas con información, supuestamente elaborada, sobre el tema de tesis. Ante cualquier indicación conceptual mía, por ejemplo, sobre la elección de determinados autores clave para la elaboración de su marco teórico, no sólo contestaba que lo había leído, sino que me lo demostraba con otra parva de páginas que se acumulaba a la información anterior.

Pero no era "devorando textos" –según le expresé entonces– como llegaríamos al punto de ordenar su trabajo. Era menester precisar cómo seleccionaba la lectura de textos, cuál

> *era el eje de su interés y, en definitiva, cómo ordenaba el material para elaborar un buen plan de tesis, donde sin duda aparecerían con claridad otros aspectos esenciales, como la hipótesis que articularía el esfuerzo de investigación y la ampliación de la bibliografía.*
>
> *En realidad, la carencia de un preplaneamiento y, por ende, de un proyecto consistente, sumado en este caso al defecto del perfeccionismo, convertía la fortaleza de las condiciones personales (voluntad, perseverancia, actitud) y profesionales (conocimiento y experiencia previa) del tesista en debilidades estratégicas para alcanzar con eficiencia su objetivo.*

Recuerde:

√ *No salte etapas en la realización de su trabajo.*

√ *Aun cuando crea que conoce la problemática que va a abordar, infórmese si no hay nuevos aportes importantes sobre ella y examínelos atentamente.*

√ *Busque referencias autorizadas, esto es, científicamente sustentables del tema. No se quede con versiones de artículos o libros de divulgación o de circulación interesada sobre el asunto que quiere investigar. Este caso suele darse con frecuencia en los estudios de gerenciamiento, organización, recursos humanos y administración. Muchas tesis de maestrías en estos campos suelen apoyarse en bibliografía más relacionada con los intereses de consultoras –o instituciones educativas que funcionan como tales– que con una efectiva investigación científica. No deje de consultarlas si lo desea, pero sepa distinguir lo que es producto de investigación consolidada de lo que son perspectivas individuales de logros, valiosas como casos pero insuficientes para una generalización teórica.*

Capítulo 5

Tesis y trabajo de investigación

Una tesis, tesina o trabajo final es siempre el resultado de una investigación exhaustiva y deliberada en torno a la temática que se propone, aunque debe considerar en esta afirmación el alcance propio del tipo de documento final que está realizando. Ya hemos visto que el carácter "exhaustivo" está acotado al tipo y a los límites de la investigación que emprenda; sobre todo, a su finalidad, que en su caso es académica. Pese a ello no está de más reiterar que toda tesis implica la asunción de pautas propias del *método científico* –en el significado amplio que aquí le he dado a este adjetivo (ver capítulo 3)– y su aplicación rigurosa al objeto de investigación.

Es habitual en textos de colegas y en los programas de enseñanza en metodología distinguir las diferentes modalidades de trabajos científicos (artículos, informes, *papers*, ponencias o comunicaciones para congresos, monografías, ensayos, etcétera) de las tesis, tesinas o trabajos finales, los cuales parecieran acotar su finalidad a la obtención de un título de grado o posgrado. Mi experiencia me indica que estas distinciones cuasi escolásticas, si bien permiten precisar el propósito del estudio en cada ocasión, no alteran el hecho sustantivo de que *siempre* y en todos los casos se trata del desarrollo de un proyecto de investigación y, por tanto, obedece a las mismas reglas.

El esquema básico de cada uno de estos trabajos sigue un mismo itinerario lógico: la correspondencia entre el problema planteado, los objetivos, los ejes articuladores o hipótesis mediante los cuales se busca dar respuesta al problema, los instrumentos teóricos o experimentales que permitirán hacerlo y el aparato crítico que respalda esa tarea. Tarea, obviamente, de investigación, sustentada en el marco de una perspectiva de la realidad si no ya trazada por otros, al menos situada en un contexto teórico y axiológico específico.

Tal vez el caso más peculiar, atípico, es el del ensayo. A pesar de cierto fundamentalismo cientificista que suele descartar este género de comunicación y expresión de pensamiento de la categoría de científico, el ensayo es, desde mi punto de vista, un producto refinado de la investigación, porque a la consistencia lógico-argumental debe añadir belleza de estilo y profundidad de inteligencia del tema de que se ocupa, capaz de abrir un nuevo horizonte de conocimientos y experiencias. Desde luego, el género del ensayo se adapta mejor al modo de comunicación de la filosofía y, en general según sea la temática elegida, de las disciplinas humanísticas y sociales que de las ciencias experimentales o aplicadas.

Recuerde:

√ *Las tesis, tesinas o trabajos finales, aunque todos ellos tienen una finalidad académica, son siempre el resultado de un proceso de investigación.*

√ *Los estudios universitarios, que exigen para la graduación la presentación final de una tesina o trabajo de integración equivalente, y los distintos niveles de tesis de posgrado constituyen una modalidad de los trabajos científicos. Sin embargo, la pertenencia a un campo de conocimiento particular determina en buena medida la peculiaridad del estilo del documento final y la modalidad del desarrollo de la fundamentación o validación de su enfoque de los problemas. En otras palabras, no es conveniente que emplee el mismo criterio de diseño metodológico para un trabajo en ciencias experimentales que para una tesis en el área de humanidades.*

√ *Su trabajo de tesis es un trabajo de investigación y, por lo tanto, debe reunir las condiciones formales y materiales que acredita la cientificidad del empleo de los procedimientos del campo de conocimiento respectivo.*

Capítulo 6

Campo temático, título y problema de investigación

En las ediciones anteriores este capítulo se titulaba "Tema, título y problema de investigación". La práctica corriente en el uso del lenguaje, la sugerencia de algunos de mis colegas y mi propia experiencia en el aula, me han persuadido de modificar el término 'tema' por una locución que facilite la comprensión de lo que he buscado al diferenciar tema y título. La expresión 'campo temático' -que bien puede usted identificar con 'área disciplinar o temática'- precisa mejor el concepto por su mayor nivel de generalidad respecto del título. Ciertamente, estamos acostumbrados a decir 'tema' cuando hablamos del título de una investigación o de una tesis. Así, decimos por ejemplo: "¿Cuál es tu tema de tesis?"- para preguntar por lo que investigamos. Pero excepcionalmente preguntamos por el título de la tesis. Valga pues esta aclaración para agregar una nueva ejercitación a su lectura crítica de este libro y para su aprendizaje, ya que toda vez que usted encuentre la palabra 'tema' en lo sucesivo habrá de pensarla con el mismo nivel de generalidad que "campo temático".

Campo temático y problema son pues dos tópicos centrales para definir la orientación de su plan de tesis y llevar a buen término su propósito. El proceso de elección del tema de estudio siempre es un momento crítico para la elaboración de una tesis. De las implicaciones teórico-prácticas que supone la elección del campo temático surgirá el problema de investigación y el diseño consecuente de validación. Si usted no tiene claro el campo o área temática, tendrá dificultades para asegurar la consistencia lógica de su plan de trabajo e, inclusive, la viabilidad decorosa del producto final de su investigación.

Ciertamente, *ahora* usted tiene que ratificar la decisión que ha tomado cuando comenzó sus estudios. Y lo hará realizando la tesis, tesina o trabajo final. Es normal que tenga dudas, lo acose el desaliento, tome abruptamente conciencia de las muchas tareas que había dejado de lado o, en fin, procure engañarse dejando pasar el tiempo de poner manos a la obra. Pero, con toda seguridad, usted no va a malograr sus esfuerzos previos sin permitirse gozar de la vista total del paisaje que ha venido imaginando desde que inició su carrera de grado o posgrado. Lo que resta es lo mejor del camino de su formación: disfrutar y reconocerse en la perspectiva de otro horizonte personal, descubrir su potencialidad creativa.

Sin duda, la certificación formal del logro será sólo la exteriorización de su capacidad de alcanzar los objetivos que se propone en su vida y, tal vez, merced a ese logro, también encontrará reconocimientos que fortalecerán su yo. Pero la clave de esta instancia personal debería buscarla en el desafío intelectual y espiritual que implica abrir –no cerrar– un ciclo de nuevas responsabilidades profesionales y personales. Hacer una tesis, como de algún modo ya hemos visto, es aprender a pensar con autonomía, fundadamente, y objetivar su perspectiva –decir lo que piensa– en asuntos que han sido significativos para usted y que serán, en cierto modo, definitivos en adelante porque imprimirán un sello a su perfil profesional, independientemente de que luego decida dedicarse a otros temas o actividades.

La elección del tema

Ahora bien, aunque sabe que su tema se corresponde con los estudios cursados, es una verdad de Perogrullo que usted no se ocupará de todos los contenidos de la disciplina o especialidad en la que busca titularse. Sin embargo, partir de esta verdad obvia es un buen comienzo. ¿Por qué? Porque esta limitación le servirá para orientarse en la selección temática. Propiamente, un científico no se ocupa de "todo" el saber de su disciplina. Los seres humanos aislamos de la realidad aquello que –como afirma René Thom, el prestigioso matemático francés, a quien le debemos la fecunda "teoría de las catástrofes"–, "tiene sentido para nosotros, lo que es sorprendente en el conjunto de los hechos. Si los hechos no nos sorprenden, no aportarán ningún elemento nuevo a la comprensión del universo. Lo mismo da ignorarlos" [1993: 136].

Sin la mirada entrenada del observador no hay descubrimientos

¿Qué habría pasado si Alexander Fleming (1881-1955) no hubiera limpiado él mismo su laboratorio a la vuelta de unas vacaciones? Seguramente, la penicilina habría esperado más tiempo en ser descubierta.

Más allá de suposiciones, lo cierto es que este caso clásico en los anales de la historia de la ciencia revela que no existen, hablando con propiedad, hallazgos científicos casuales, azarosos, fortuitos (con frecuencia reconocidos con el nombre de "serendipity", en inglés, o "serendipia", en español). En realidad, sin la mirada atenta y entrenada del observador lo inusual puede pasar inadvertido. Hay multiplicidad de hechos que efectivamente nos sorprenden de la realidad. Sin embargo, si no guardan alguna correspondencia con el universo de nuestros intereses (educación, vocación, necesidades y proyectos) para que los consideremos y si carecemos de los conocimientos adecuados para comprenderlos, difícilmente podrán constituirse en motivo relevante para que busquemos sistemáticamente alguna explicación de su ocurrencia.

Fleming fue el descubridor de la lisozima, una proteína antimicrobiana, y de la penicilina, el antibiótico obtenido a partir del hongo llamado Penicillium notatum. *La historia cuenta que su laboratorio solía estar desordenado; las mesadas estaban ocupadas por cajas especiales que permitían el ingreso de aire para el cultivo de bacterias. A punto de ordenar su laboratorio, le llamó la atención que alrededor de uno de los cultivos había crecido durante su ausencia una especie de musgo, la colonia de un hongo de color verde (el que la humedad ambiente produce a veces en el pan). Pero lo que más le llamó la atención fue que las bacterias habían sido destruidas por ese hongo. Entonces, nuevas preguntas y respuestas probables siguieron a esta observación. Aunque no fue reconocido inicialmente por la comunidad científica, mantuvo la confianza en su línea de investigación hasta poder demostrar la efectividad de su hallazgo.*

Es evidente que habrá aspectos de los conocimientos que ha adquirido que han sido de mayor interés que otros, algunos de esos conocimientos le han inquietado de manera especial, al menos intelectualmente, y con seguridad se ha quedado con preguntas o inquietudes que no ha visto por ahora resueltas en las lecturas que ha hecho. También, cada uno de nosotros tiene experiencias e intereses que movilizan nuestra curiosidad por aprender, investigar o estudiar. Estos intereses, que suelen ir acompañados muchas veces de interrogantes o cuestionamientos personales, pueden constituir la solución al problema inicial de la elección del tema. Observe que digo aquí «solución al problema inicial de la elección del tema». Efectivamente, no tiene *todavía* el problema solucionado. Sólo excepcionalmente suele darse el caso de que así ocurra.

En el capítulo 4 hemos conversado sobre la necesidad de hacer una amplia lectura bibliográfica sobre esos aspectos temáticos que han despertado su interés. Ese panorama previo le tiene que haber permitido descubrir en usted mismo en qué condiciones se encuentra para abordar la temática que en principio le ha interesado. Si aún desea trabajar en ella, pese a las dificultades de tiempo de que dispone, la carencia de formación adecuada en técnicas y conocimientos específicos, o la imposibilidad de contar con materiales e infraestructura para llevar a cabo sus experiencias, debería decidir postergar el tiempo de realización de su tesis hasta que esté preparado para elaborarla.

Otra alternativa en esta dirección es delimitar su investigación a un aspecto del tema general accesible para usted, de modo que este trabajo le sirva de base para emprender otros cometidos de más aliento en el mismo terreno disciplinar con otro nivel de profundidad. Recuerdo al respecto una excelente alumna de un taller de tesis de doctorado que trabajaba sobre un aspecto particular de la obra de Leopoldo Marechal. El tema de tesis, sin duda, era la obra de este novelista y poeta argentino, pero el *título* de la tesis delimitaba bien la problemática que a ella le interesaba de su obra: "Trascendencia de los números y las figuras geométricas en *Adán Buenos-ayres* de Leopoldo Marechal". Una duda que le inquietaba al comienzo de las sesiones del taller giraba en torno de si debía consignar en el plan de tesis la referencia a la tesina de licenciatura que había escrito sobre otros tópicos del mismo autor. ¿Qué cree que le dije? Pues que no sólo debía consignarlo. Su investigación anterior constituía un antecedente necesario para este nuevo abordaje de la obra. Uno de los párrafos con que inició finalmente el relato de esta referencia se expresaba de la siguiente manera:

"A partir de los resultados de una investigación anterior en la que pudimos mostrar la presencia de los números, su valor simbólicocristiano, la influencia de la Cábala hebrea y Pitágoras en *Adán Buenosayres*, hemos descubierto la necesidad de ampliar e integrar aquellos resultados con un análisis hermenéutico del papel que tienen las figuras geométricas en su obra. Se trata pues de establecer específicamente la relación de los números, la vinculación entre el mundo geométrico y la estructura y / o contenido del texto marechaliano."

Un investigador avanza sobre su propio proyecto, y si se hace un buen trabajo, deben aparecer nuevos interrogantes, nuevas líneas de investigación que permitan profundizar, ampliar o, inclusive, refutar los resultados logrados hasta entonces. La temática general normalmente sigue en pie, lo que suele modificarse es la dirección del enfoque o el descubrimiento de nudos problemáticos que no aparecerían sin haber recorrido un camino previo en la investigación. Cuando un evaluador bien dispuesto observa una trayectoria de dedicación como la de esta alumna no puede menos que ponderar positivamente la decisión de profundizar los interrogantes surgidos en otras instancias de investigación. Su trabajo previo es un crédito de la factibilidad de ejecución de su proyecto actual. Por otra parte, es lo que conviene a una tesis de doctorado, donde la originalidad debe estar precedida por un conocimiento adecuado del conjunto de la problemática que se aborda y, en buena medida, detallado del tema de estudio. Aún así esta alumna acotaba el tema y delimitaba el campo de análisis a una de sus obras, *Adán Buenosayres*.

Existen, sin embargo, algunas situaciones en que usted no tiene más remedio que elegir otro tema. Cambiar de tema, en este caso, no significa un fracaso, de ninguna manera, quiere decir simplemente que ha ponderado *prudentemente* las condiciones de factibilidad de realización de su trabajo. Eco sintetiza estas condiciones con aparente dureza y con suma precisión en una suerte de máxima (o "norma", como él escribe): "el que quiera hacer una tesis, debe hacer una tesis que esté capacitado para hacer" [2000: 26]. En realidad es un consejo higiénico, pues permite evitar empeñarse con las consecuencias de una decisión que ocasionará un estado de frustración innecesario, a veces producto de una falta de consejo adecuado por parte del tutor o de los profesores cercanos al alumno, quienes, sin duda, deberían evaluar la factibilidad de su propuesta en función de ciertos criterios estándares, tales como el nivel de exigencia formativa para realizarla, limitaciones personales e institucionales de tiempo, capacidad efectiva de acceder a la información, disponibilidad de recursos físicos y equipamiento para ejecutarla, etcétera. El mismo Eco enumera unas reglas básicas que se han hecho clásicas para atender a la necesidad de este momento importante en la elección de su tema de tesis.

> "1) *Que el tema corresponda a los intereses del doctorando* [o, en general, del alumno que tenga que hacer su trabajo final de grado o posgrado] (que esté relacionado con el tipo de exámenes rendidos, sus lecturas, su mundo político, cultural o religioso);
>
> 2) *Que las fuentes a que se recurra sean asequibles*, es decir, al alcance físico del doctorando;
>
> 3) *Que las fuentes a que se recurra sean manejables*, es decir, al alcance cultural del doctorando;
>
> 4) *Que el cuadro metodológico de la investigación esté al alcance de la experiencia del doctorando.*"
>
> [Eco, 2000: 25]

Enuncia en nota al pie una quinta regla, que está más que justificada por la frecuencia de casos en que se observa en el mundo académico: *"que el profesor sea el adecuado.* Pues hay aspirantes que, por razones de simpatía o de pereza, quieren hacer con el profesor de la materia A una tesis que en realidad es de la materia B. El profesor acepta (por simpatía, por vanidad) y luego no está capacitado para seguir la tesis." [Ibidem: 26]. Recientemente, he sido testigo como jurado de tesis de doctorado de uno de los tantos casos ilustrativos a los que puede aplicarse esta regla. El director de la tesis, aunque es un profesor reconocido por su nivel de exigencia y conocimientos, no pudo acompañar efectivamente al doctorando –las razones eran atendibles–, y las consecuencias fueron el mal momento que pasó el doctorando en la defensa por las serias observaciones que el jurado hizo y que el alumno soportó con entereza.[3]

El título

La práctica corriente aconseja *no elegir temas tan generales que resulten inaccesibles*. En este consejo coinciden tanto quienes han pasado ya por la

---

[3] Expresamente, no considero aquí la inmoral idea de buscar la mediación de un "buen padrino" de tesis quien con su solo nombre –en el sentido de la importancia burocrática de un agente transaccional– allane los obstáculos de esta instancia de los estudios. Quien puede siquiera imaginar esta idea no vale la pena que siga leyendo este libro.

situación de escribir su tesis como quienes están a cargo de orientar a sus alumnos con este propósito. Por supuesto, esto depende de la experiencia y la formación en la materia del tesista. Excepto en casos muy especiales de tesis de doctorado, estimo por el nivel de exigencias institucionales y de conocimientos del alumno que en el resto de las titulaciones (tesinas de licenciatura, tesis de maestrías y trabajos finales o integradores en las especializaciones) conviene seguir el consejo. En este sentido, y a los efectos de acompañar el proceso lógico y, sobre todo, psicológico de elaboración del plan de tesis y del documento final propiamente dicho, que caracteriza la secuencia argumental de este libro, he comprobado la ventaja pedagógica de distinguir tema y título de tesis. Desde mi punto de vista es útil hacer esta distinción, por lo menos en la presentación del plan de la tesis; distinción que en general no he encontrado en los manuales y textos referidos al asunto que tratamos, pero que mi experiencia en la enseñanza del diseño y elaboración de tesis me ha demostrado cuánto ayuda este ejercicio intelectual a que el alumno pueda focalizar el objetivo que se ha propuesto, a la vez que canalice sinérgicamente el empeño investigativo. Ahora, prefiero insistir en algunos puntos adicionales que usted debe tener en cuenta si todavía no ha elegido el tema o persista con algunas dudas y, también, si ya lo ha elegido, a fin de que se asegure de la planificación posterior de su trabajo. *Sólo una lectura previa de información actualizada sobre el o los temas que motivan su interés permite evitar que apueste apresuradamente a la elección de una temática inabordable, o que exceda sus posibilidades actuales de llevar a cabo en tiempo y forma su propósito.* Si lo cree necesario vuelva a leer el capítulo 4.

Se trata entonces de acotar el tema. Delimitarlo, tal como ya hemos visto. Por ejemplo, si pretende estudiar el fenómeno de la globalización, la manera más práctica será que limite su consideración para evitar la vaguedad y la superficialidad de su tratamiento; que aplique el fenómeno a un ámbito determinado de la realidad o que lo estudie desde una perspectiva especial. Un ítem importante en un plan de trabajo es saber definir con precisión los alcances del estudio. El título será el reflejo de este esfuerzo y también la garantía de que no caerá en la trampa de lugares comunes, ya desarrollados en profundidad por otros autores. En el mismo ejemplo, puede acotarlo al "impacto de la globalización en tal o cual área, dimensión de la realidad, sectores sociales, etcétera". Su punto de vista, así, implicará que apele, en el momento de la fundamentación, a un enfoque teórico particular desde el cual pueda desarrollar su perspectiva del fenómeno en cuestión, inclusive añadiendo su visión crítica del enfoque teórico adoptado, alternativa que si está en condiciones de hacerla, siempre es deseable.

En pocas palabras, el tema o campo temático es el asunto general de que trata la investigación y al que puede, tanto usted como su lector, remitirse o inscribir sus afirmaciones. El título, en cambio, es el aspecto particular, lo puntual que interesa investigar de ese tema. Esta relación del todo a la parte, por así decirlo, ayuda al investigador a acotar su tarea, a la vez que neutraliza o permite evitar tropiezos iniciales. Lejos de ser una distinción formal contribuye a aliviar las primeras tensiones que enfrenta el tesista y facilitar el proceso de definición de las etapas posteriores para la elaboración del plan, como el problema, los objetivos y las hipótesis de la investigación. Un ejemplo más de esta relación entre tema y título:

Tema: Tercera edad y terapia intensiva.

Título: Sentido y Justificación del Servicio de Terapia Intensiva en Pacientes de la Tercera Edad.

El tema, como puede leer, remite a los problemas que se le presentan a las unidades de cuidados intensivos de los servicios hospitalarios respecto de un tipo de paciente determinado, aquel que pertenece al conjunto de la población denominado "tercera edad". El título, en cambio, apunta a circunscribir el tema al uso racional de ese servicio, de tal modo que permita asegurar la eficacia de la atención a todos los pacientes que la necesiten. Para ello, el tesista deberá definir parámetros de atención en situaciones especiales, fundamentar las alternativas de acceso, tratamiento y uso de recursos tecnológicos y terapéuticos a todos los pacientes de modo equitativo y racional, precisamente, en función de la problemática frecuente que enfrentan las unidades de terapia intensiva. De ahí la necesidad de justificar el sentido de una gestión eficaz de la atención sin descuidar las implicancias éticas que se derivan naturalmente del estudio.

Es posible también precisar aún más el abordaje de un tema agregando al título un *subtítulo*. Es el caso del siguiente ejemplo, que usted puede comprender y distinguir en la denominación de una investigación realizada por una becaria en la Facultad de Ciencias Exactas y Naturales de la Universidad de Buenos Aires. La investigadora (María M. Barrio) tituló su trabajo:

"Heterogeneidad celular en cáncer de mama humano: Modulación del crecimiento y diferenciación por hormonas y factores de crecimiento".

Los dos puntos que separan un enunciado de otro, bien podrían haber sido un punto. Cualquiera fuera el empleo del signo ortográfico, observe que, merced a su precisa utilización, la atención del lector se detiene sobre el segundo enunciado, el subtítulo, que es el que recorta el alcance de la investigación.

Veamos unos ejemplos más. En este caso están tomados de alumnos de maestría de Seguridad Informática.[4] Lo importante es advertir que más allá de la disciplina científica que usted haya elegido para su formación profesional, la lógica entre tema o campo temático y título se mantiene, independientemente de ella.

Tema: Gestión de Riesgos en Seguridad de la Información

Título: Evaluación de la capacidad en la administración de riesgos y seguridad de la información

Tema: Factores económicos vinculados a la seguridad informática

Título: Evaluación del uso de las herramientas de medición económica de la seguridad informática

Tema: La seguridad en los lenguajes funcionales

Título: Implementación de protocolos seguros en lenguajes funcionales

Si hemos visto ya que una tesis es siempre una investigación, lo correcto o, tal vez, con menos pretensión, lo normal es que *evite titular su tesis con preguntas* o con expresiones más propias de un *best seller* que de una propuesta académica. Seguramente, si todo va bien y encuentra un editor, tendrá tiempo de publicar su investigación con otros objetivos. Un título formulado como pregunta revela falta de conocimientos apropiados en la formación metodológica por parte del autor. En el mejor de los casos, es posible que la pregunta con que usted quiere titular su trabajo sea el problema de investigación que usted se propone y, en general, esta confusión se refleja en el planteo del problema (si lo hace) y en la falta de precisión –vaguedad, reiteración– en la redacción de los objetivos de su trabajo.

[4] Se trata de la Maestría en Seguridad Informática de la UBA y los ejemplos pertenecen a los proyectos de tesis de los alumnos Marcia Maggiore, Patricia Prandini y Adrián Sieradsky, respectivamente.

* * *

Hay muchas cosas de la realidad que nos sorprenden, tientan nuestra curiosidad y movilizan nuestro deseo de conocer. Sobre todo, hechos de ese ámbito de realidad que se corresponde con nuestra formación cultural y académica y que, por esa razón, resultan significativos. Es obvio, por ejemplo, que quien se ha formado en el modo filosófico de pensar tienda a hacer preguntas sobre los hechos y los acontecimientos que revelen su fundamento. Esa necesidad de dar razón de los supuestos puede pasar inadvertida probablemente para un científico, preparado con otros lentes para mirar la realidad. Recortamos de la realidad, como decía René Thom, sólo aquello que es significativo para nosotros. Pero, en lo que respecta al objeto que nos convoca en esta conversación, estará de acuerdo conmigo en que no basta con que nos interesemos por algunos de esos aspectos que suscitan nuestro interés para convertirlos en un asunto sistemático de investigación y que, además, podamos agregar valor al conocimiento que las ciencias tienen de ellos. De ahí que nadie puede desarrollar con buenas probabilidades un tema de tesis si no posee las competencias (conocimientos fundamentales, manejo del lenguaje, modalidad de tratamiento de los problemas, etcétera) propias de la disciplina en la que se incluye el tema de investigación. Esta breve reflexión nos lleva directamente a un tópico ineludible de cualquier trabajo científico y, por ende, de tesis: la formulación del problema de investigación.

La formulación del problema

El problema de investigación es la pieza angular de todo su trabajo. Si no puede formular el problema no habrá investigación ni trabajo de tesis. Puede, eventualmente, prescindir de la hipótesis, como en ciertos casos de investigaciones de carácter exploratorio, pero nunca del problema. Si no hay algo que suscite su interés no habrá modo de seguir adelante.

Ahora bien, ¿de dónde surge el problema? El interrogante es preciso: hay un *dónde* en el que el problema de investigación tiene su lugar. Ese "dónde" es el cuerpo de conocimientos, el campo temático de la disciplina en la que realiza su investigación y en la que se ha preparado. "La formulación de preguntas interesantes y pertinentes sobre un tema, solo es posible para quien conoce con cierta profundidad dicho tema. La detección de oportunidades de investigación, exige, pues, conocimiento previo. De allí, la importancia de la reconstrucción de lo que en el lenguaje científico se llama "el estado del arte": ¿Qué es lo que se sabe acerca de algo?" [Destro, L., 2007: 57]. Su tarea ahora es descubrir nudos problemáticos en su área de conocimientos, interrogantes que no han sido aún contestados, pero que requieren una respuesta, sea por razones prácticas o teóricas, que incumben al desarrollo del saber en su disciplina. Es obvio que usted sabe cuál es su área de conocimientos, el campo temático general en el cual tendrá que encontrar la pregunta que pondrá en movimiento el proceso de investigación y la realización de su tesis.

El verdadero aprendizaje en esta etapa de su formación es desarrollar la capacidad de formular algunos interrogantes sobre lo que hasta el momento parecía mostrarse como un campo de conocimientos establecido. Sin embargo, estos interrogantes son diferentes a los que frecuentemente se le planteaban cuando cursaba las asignaturas de su carrera. Se trata ahora de preguntas que avanzan sobre las respuestas que ya constituyen el acervo de conocimientos de una ciencia determinada. Son preguntas que interpelan la incertidumbre, se pronuncian a favor o en contra de modelos teóricos o paradigmas que sostienen un modo de comprender los fenómenos, quieren abrir una nueva perspectiva de la realidad conocida, indagan por la validez de los resultados alcanzados por tal o cual abordaje teórico o experimental; aspiran, en definitiva, a superar la provisionalidad del saber científico en un terreno específico. Más concretamente, el problema tiene que ver con lo que no se conoce o lo que se cuestiona respecto a un aspecto particular del saber vigente.

Empero, como ya sabemos a partir de la experiencia de la elección del tema, aquí también es conveniente que las preguntas que formule sean factibles de una respuesta en función de su tiempo y sus recursos intelectuales y materiales. Por eso sus preguntas no deben tener una amplitud tal que le impidan luego precisar los objetivos de su tesis o diseñar instrumentos de validación inmanejables. Si bien el problema tiene que ver con lo que a usted le parece interesante, significativo o digno de investigar, no todas la inquietudes que tenemos como seres humanos constituyen un adecuado camino para realizar una tesis. La formulación de la pregunta debe dejar ante todo a usted en claro, sin dudas y concisamente a qué asunto concreto quiere que la tesis responda, cuál es el núcleo de su problema.

Además, conviene que el núcleo problemático de su tesis quede redactado como pregunta. Así, usted comprobará primero –y sus lectores después– que ha diferenciado el tema del problema, que no ha confundido a ambos y que ha sabido determinar aspectos que merecen ser investigados en ese campo de estudio. Por otra parte, esta distinción que ahora puede parecerle formal facilitará la formulación de objetivos e hipótesis y le garantizará, toda vez que su entusiasmo lo interne en aspectos colaterales o aleatorios a su investigación, volver a su foco problemático sin perder rigor argumentativo. También facilitará su tarea durante la redacción de las conclusiones del documento final de su tesis, porque necesitará dejar reflejada la respuesta a los interrogantes que dieron origen a su estudio.

Vale que nos detengamos ahora en el siguiente ejemplo que ilustra, supuestamente, la propuesta de tesis que usted quiere realizar y que tratará sobre la problemática ética en un dominio determinado de la actividad humana, el mundo de los negocios. Esté atento a la lógica implícita en el procedimiento de elaboración mental de cada uno de los momentos en la redacción del tema, título y formulación del problema de investigación. Imagine también por un instante todo lo que hay de trabajo suyo detrás de las simples palabras con que materializa ese esfuerzo intelectual:

Tema: Ética en los negocios

Título: Responsabilidad social de la empresa

Formulación del Problema de Investigación: ¿Cuáles son los límites entre un enfoque ético de los negocios y el cumplimiento de las normas jurídicas?

1) Globalmente considerado, el ejemplo revela una secuencia que va de lo general a lo específico en cada uno de los momentos de la construcción de la idea del proyecto que hemos supuesto. Ese es un camino posible que puede seguir su pensamiento para concretar, hacer factible y controlable lo que busca. Entre el tema que ha seleccionado y la pregunta debe haber una correspondencia lógica inequívoca. Pero también advierta que el tema ha sido acotado, ya que la ética en los negocios no es una disciplina autónoma; obviamente, no puede dejarla de vincular tanto a un área específica de la filosofía como a distintas disciplinas que estudian el comportamiento de las organizaciones (administración, psicología, sociología, etcétera). Sin embargo, el tema elegido es *aquí* el momento más general del que parte, el campo de conocimientos ("saber hacer" y "saber ser") en el que se inscribirá el asunto objeto de estudio. Esta aserción no restringe en modo alguno el hecho de que durante la investigación deba ocuparse seguramente de relacionar el problema con los antecedentes que hacen a la fundamentación de la ética en los negocios.

2) El título sitúa la responsabilidad social de la empresa en ese ámbito temático. Aunque pareciera que la relación tema/título está indicando que se ha tomado alguna posición respecto del asunto, lo que en cierto modo es verdad, esa postura no es ajena a cómo se plantea hoy el tópico de la responsabilidad social en las empresas. Por otra parte se trata del título, el cual tiene que dar una noción clara y sin equívocos de qué cosa trata el trabajo. No obstante, esta toma de posición no es gratuita, arbitraria o azarosa, pues en la actualidad la cuestión de la responsabilidad social lleva implícita la consideración del componente moral; es más, se suele ponderar a las empresas en función de esos valores. En este aspecto usted estará, seguramente, actualizado en el conocimiento de las normas internacionales que existen en la materia y que indican una aproximación cuasi legal al tópico que ha definido en el título de su tesis. Asimismo, esta actualización implica que usted ya ha leído lo suficiente sobre el asunto que quiere tratar –ha hecho una lectura previa a la planificación de su trabajo– como para delimitar el tema y definir con claridad algunos interrogantes que han acompañado la información que ha obtenido de sus lecturas. Así, tal vez podría plantearse otras preguntas que le permitan aproximarse y dar respuesta al problema de fondo que busca resolver. Por ejemplo, ¿qué diferencia el comportamiento ético de la operatoria organizacional?, ¿acaso las empresas no constituyen sociedades jurídicas y, en consecuencia, adquieren de hecho y de derecho compromisos especiales con la sociedad en que actúan? ¿No es propio de una empresa su naturaleza social?, y muchas más, siempre que estas preguntas sirvan al interrogante central. En definitiva, usted sabe que cualquier empresa tiene responsabilidades sociales por el simple hecho de constituir una entidad jurídica situada en una sociedad determinada. Vislumbrar, en estas reflexiones previas a la formulación del planteo del problema, que no puede agotarse el sentido moral de una acción en el *principio de la responsabilidad social* –el cual representa por sí mismo un momento importante en su desarrollo– le lleva naturalmente a plantease un interrogante más focalizado y decisivo para el objeto de sus preocupaciones: ¿Cuáles son los límites entre un enfoque ético de los negocios y el cumplimiento de las normas jurídicas? Y esta podría ser una buena formulación para su problema de investigación, porque a) su solución o la respuesta que dé a él es factible, b) resulta clara y de fácil comprensión, c) está al alcance de sus posibilidades de acceso a información actualizada, d) le permite tomar decisiones acerca de cómo puede corroborar o no la respuesta que vislumbre a ese problema, e) tiene implicancias sociales y, por tanto, puede lograr que el resultado de su investigación tenga impacto en la comunidad científica que se ocupa de esos temas.

En el siguiente ejemplo, que tomo de la presentación del plan de una alumna que está realizando su tesis de maestría, transcribiré también un tema, un título y unas preguntas que forman parte, en este caso, del problema de investigación. Aunque lo que allí se plantee no pertenezca a su campo de estudios, le sugiero que haga el intento de analizar por sus propios medios la correspondencia lógica de la secuencia (de lo general a lo específico, del todo a la parte) y observe si las preguntas son significativas respecto de la propuesta del título y el tema. También, evalúe si las preguntas que ella formula abren el camino a una respuesta relativamente fácil de elaborar o no. Considere para ello las tres instancias y, en especial, si la formulación del problema remite, en último término y como un aspecto singular, al tema.

Tema: Gestión de Recursos Humanos en la empresa sanitaria.

Título: Planificación de procesos de Gestión de Recursos Humanos en la empresa sanitaria.

Formulación del Problema de Investigación: ¿Cuál es el impacto que provoca la falta de visión prospectiva en la gestión de Recursos Humanos en las empresas sanitarias? ¿Qué herramientas de gestión beneficiarían la gestión del cambio en las organizaciones sanitarias?

Tema: Gestión de Riesgos en Seguridad de la Información.

Título: Evaluación de la capacidad en la administración de riesgos y seguridad de la información.

Formulación del Problema de Investigación: ¿Qué herramienta de gestión permite la evaluación de la capacidad de administración de riesgos y seguridad de la información? ¿Cómo debe ser utilizada dicha herramienta para lograr la evaluación de la administración de riesgos y seguridad de la información? ¿Cuáles son los componentes de la mencionada administración por evaluar y qué características se tomarán en cuenta?

Una aclaración pertinente para su tranquilidad en relación con el logro de sus objetivos es que estas mismas alumnas, al comienzo del seminario de tesis no tenían la seguridad conceptual que supieron mostrar cuando presentaron hacia el final el plan de tesis. Al principio todo era para ellas una gran nebulosa de ideas, cuya vaguedad no sólo les inquietó durante varias sesiones impidiéndoles definir y delimitar un campo problemático de estudio de acuerdo con sus formaciones profesionales de base. Empero, su constancia en la reflexión en torno de una problemática a su alcance, las numerosas lecturas previas con las cuales acompañaron esas reflexiones y la atención puesta en la precisión del enunciado del problema dieron lugar en un momento determinado con la claridad que buscaban.

* * *

A esta altura usted no tiene dudas de que la elaboración de una tesis o, inclusive, de un trabajo académico final implica una actividad de investigación, una estrategia cuyo objetivo es, en definitiva, resolver metódicamente un problema que ha llamado su atención. Sin embargo, no existe *el* método científico –universal– que podría aplicar a cualquier tipo de problema de investigación. Su problema de investigación exigirá que lo adecue a las características básicas de los procedimientos de la ciencia o área del saber (sistematicidad, criticidad, rigurosidad y, sobre todo, provisionalidad) particular que es objeto de su interés. Con independencia de matices, la investigación científica supone ejercitarse en la observación y en la interpretación de lo observado. Si me acepta aquí el empleo del término 'observación' en sentido amplio (no meramente empírico), entonces esta aserción puede extenderse también al quehacer filosófico, y la exigencia que suele aplicarse a las ciencias vale para toda investigación *fundada* sobre algún aspecto de la realidad. Por ejemplo, la condición humana puede ser objeto de investigación desde diferentes campos de conocimientos, en realidad no hay ciencias sociales que no hayan contribuido a la comprensión de ese tema, pero el investigador en filosofía observará dimensiones de la existencia humana que no son habitualmente consideradas por las ciencias particulares. Y el modo de analizar e interpretar, las estrategias de fundamentación de sus respuestas al problema apelará a métodos y técnicas diferentes. Mas en todos los casos para poder observar e interpretar es siempre necesario saber por lo menos qué cosa, por qué y cómo hacerlo. De ahí el valor de la pregunta bien formulada y la definición de los términos del problema. Pero para todo ello necesita de un planeamiento, diseñar el plan de investigación o de tesis, según se trate.

Recuerde:

√ *La elección del tema es clave para asegurar la consistencia de su plan de trabajo. Ella estará fundada en la conciencia de qué es lo que realmente le interesa, lo que lo "sorprende" sobre la base de una amplia lectura de fuentes bibliográficas previas.*

√ *El tema es diferente del título. Este último resulta de un proceso de delimitación del tema, de modo de precisar los aspectos específicos sobre los que tratará la investigación y ofrecer al lector una idea cabal de qué trata su tesis. Es también un indicador de la perspectiva desde la cual se desarrollará el trabajo.*

√ *Evite expresar el título en forma de pregunta, ello solamente revela sus carencias de conocimientos metodológicos básicos para realizar la tarea que se propone.*

√ *La pieza angular del trabajo de tesis es la correcta formulación del problema. Esto podrá hacerlo si usted interpela críticamente los conocimientos que tiene del tema con preguntas precisas y concretas hasta descubrir y esclarecer para usted mismo el núcleo de lo que en realidad desea investigar en su tesis.*

√ *Conviene que el problema sea expresado en forma de pregunta. Su visualización, clara y distinta respecto del desarrollo de la fundamentación del tema o antecedentes, le ayudará a la formulación de objetivos e hipótesis. También facilitará las respuestas a esas preguntas que debe consignar en las conclusiones.*

Capítulo 7

Los momentos en la realización de una tesis

Si ya ha podido seleccionar el tema y formular su problema o problemas de investigación, entonces está preparado para avanzar en la elaboración formal de su plan. Reserve por ahora el título o los títulos que le han venido a la mente en los tres pasos previos fundamentales que ya ha dado: 1) consulta bibliográfica (eventualmente, entrevistas con profesores y expertos en la temática que ha elegido); 2) recorte del tema; y 3) formulación de la pregunta de investigación.

Ya sabe además que hay dos momentos en la ejecución de su trabajo de tesis, tesina o trabajo final. Esos dos momentos son:

1°) La elaboración del proyecto o plan de investigación; y

2°) la redacción propiamente dicha del documento.

Cada uno de estos momentos implica un diseño diferente, porque obedece a necesidades distintas. Su formato depende en los detalles de las normativas de cada Institución. Empero, hay un consenso general en el mundo académico sobre los ítems básicos para su confección. Desde mi punto de vista es más importante el primero, la elaboración del proyecto o plan de trabajo. La razón es simple: cuando usted imagina un viaje, proyecta dar un paseo o ir al cine ¿qué es lo que hace mentalmente? Diseña una suerte de estrategia o, para decirlo con alguna expresión menos pomposa, *planifica* la manera de llevar a cabo su propósito, en otras palabras, se forma un mapa mental de ciertos aspectos fundamentales, por ejemplo: qué quiere hacer, a dónde se propone ir, con qué recursos, quiénes le acompañarán, cómo lo hará, qué medios utilizará, etcétera.

Permítame ilustrar mediante una analogía la elaboración del plan de tesis con una de las posibilidades sugeridas. Supongamos que elegimos ir al cine. Ha decidido ir al cine. Es obvio que no es suficiente con esa decisión.

Es necesario precisar algunas cosas más, así: a qué cine, qué película quiere ver, en qué horario... O sea, ha decidido "el campo de conocimientos", la temática general. Hace falta ahora delimitar esa temática, porque así como no podrá ir al "cine en general", abstractamente hablando, tampoco se ocupará de la física, la bioquímica, la filosofía, la economía, a menos que en lugar de escribir una tesis, pretenda hacer un manual sobre esas disciplinas. Ahora tiene que pensar en otros detalles que no son menores, por ejemplo, ¿qué película quiere ir a ver?, esto es qué tema específico de ese "campo de conocimientos". ¿En qué sala se proyecta?, dónde encontrará información sobre el tema seleccionado. Precisamente, no puede prescindir de saber con qué recursos cuenta –acceso a fuentes serias, bibliotecas, materiales y elementos para llevar a cabo su investigación–, pues si no posee dinero suficiente, y aún tiene decidido ir al cine, entonces deberá apelar a quien le preste dinero para hacerlo –asesoramiento–, elegir un cine municipal o inclusive otra película, donde la entrada suele ser más económica –reducir el alcance de su investigación–, o ¿por qué no?, postergar su deseo hasta cuando disponga de medios económicos o hasta el día de la semana en que hacen descuentos en las entradas, es decir, debe definir bien las condiciones de factibilidad que tiene para concretar su objetivo. Estas decisiones, entonces, en el caso de su tesis no son otra cosa que expresar racionalmente y por escrito lo que se propone, para saber a ciencia cierta o con un grado alto de probabilidades cómo alcanzará sus objetivos. El plan de tesis es pues el mapa de su recorrido; ante cualquier tipo de desviación, dificultad, inclusive alternativas que le obliguen a modificar o ampliar perspectivas no previstas, usted tiene en el plan un instrumento de autoevaluación y control para volver sobre lo que se ha propuesto, sin que por ello deba alterar sustantivamente el rumbo de la investigación, excepto en el caso extremo de que descubra la inviabilidad de su propósito. Por lo demás, todo lo que incluya en él, con excepción de alguna información vinculada a la administración de sus tiempos, lo empleará durante la elaboración del documento final.

El segundo momento, después de aprobado el plan por su Director o Tutor y por la Universidad, es propiamente hablando el de la actividad de investigación, cuyo producto será la elaboración del informe final de tesis. El formato de un informe de tesis es, reitero, diferente al proyecto que le sirve de base y guía. El *modelo* o estructura de desarrollo que adopte para realizar este documento debe servirle para contener los resultados de la investigación y los fundamentos teóricos y metodológicos que la hicieron posible.

Recuerde:

√ *De los dos momentos en la ejecución de su trabajo el plan es la objetivación de lo que quiere hacer. Es la llave para descubrir que la tarea que tiene por delante ha comenzado.*

√ *La importancia del plan de tesis respecto del documento mismo reside en su carácter de referente de su investigación para todos quienes están involucrados directamente con su trabajo. Es esencialmente una guía que sirve a la institución donde realiza su tesis, a su tutor o director y a usted mismo en el control del proceso de investigación y en el seguimiento del cumplimiento de los plazos de realización.*

√ *A pesar de su importancia, el plan es sólo una guía, no es un corsé puesto a su creatividad o a las necesidades, cambios y ampliaciones que surjan del proceso mismo de investigación.*

√ *Con la redacción del plan solamente anticipa un punto de partida y un punto de llegada tentativo, los alcances que tendrá su investigación, la modalidad de trabajo que ha adoptado y la definición de los tiempos para realizarlo.*

Capítulo 8

Elaboración del proyecto o plan

Habitualmente un plan o proyecto de tesis, tesina o trabajo final de especialización tiene dos grandes secciones: 1) la carátula; y 2) los contenidos del plan. Lo que va a leer en este capítulo es una propuesta orientadora. Reúne la información indispensable para su propósito académico. Sin embargo, usted elegirá seguirla puntualmente o modificarla. Para ello tenga en cuenta el tipo de documento que realiza y alguna eventual necesidad que este esquema no contemple, aunque conviene que el formato que utilice siempre atienda o, al menos, armonice con las exigencias normativas de la institución en que presenta su trabajo.

Aquí le sugeriré un mismo formato de plan para las tesis con orientación en ciencias experimentales o en ciencias sociales, humanidades y filosofía. Las diferencias se pondrán de manifiesto con ocasión de ilustrar el formato que estas disciplinas emplean para el desarrollo del documento final. *Tenga en cuenta que es el plan, no el trabajo final. No se exceda pues en el número de páginas.* Si logra ordenar y conceptuar bien lo que busca solamente necesitará entre diez y quince páginas para decir lo que se propone.

Carátula o Portada

La carátula debe servir para identificar claramente su propuesta en el ámbito institucional en que la presenta. Por eso es imprescindible consignar con precisión las referencias institucionales, facultad o departamento en el que se cursa el posgrado y el carácter del proyecto o plan (nombre de la maestría, doctorado, etcétera). Además, se indicará –de no mediar una normativa explícita de la institución– área temática en el que se inscribe su trabajo, título (subtítulo, si corresponde), identidad del autor o tesista, director y fecha o simplemente año de presentación.

Orientación general para la confección de la portada

Ejemplo de formato de carátula:

Universidad de Buenos Aires
Facultades de Ciencias Económicas,
Ciencias Exactas y Naturales
e Ingeniería

Maestría en Seguridad Informática

Tema
Indicadores Clave de Seguridad

Título
Implementación de Indicadores Clave de Seguridad
en Instituciones Bancarias de Tamaño Medio

Maestrando/a [o autor/a]: XXX
Director de tesis: Dr. ZZZ
Co-director: Mg. YYY

Año 2010

El ejemplo permite identificar sin inconvenientes a las personas involucradas (autor, director de tesis y, en este caso, un co-director), la institución o instituciones (como es en este caso) y el área académica, la índole del trabajo (pertinente con la orientación del posgrado) y el grado al que aspira el o la autor/a de la tesis. Por otra parte, la carátula muestra sin equívocos que se trata de una investigación aplicada.[4] Esta carátula resulta pues una aproximación clara de lo que puede esperarse del proyecto.

Formalización de la carátula:

Nombre de la Institución
Nombre de la unidad académica
(Facultad, Departamento, etcétera.) (*)

Nombre del posgrado o carrera en el caso de tesinas de grado
(*)

Plan de (indicar el tipo de documento que va a realizar, tesina, tesis, trabajo final, etcétera.)

Tema (*)
Denominación del campo temático

Título
Subtítulo (si corresponde)

Autor/a:
Director/a (o tutor/a) de tesis:
Co-director/a: si corresponde

Año

Observe que la información marcada con asterisco (*) no es obligatoria. Algunas instituciones admiten su omisión o, simplemente, no la contemplan en sus normativas.

---

[5] En modo alguno la clasificación como ciencia aplicada debe entenderse en el marco de la antigua discusión epistemológica que distinguía entre "ciencia básica" y "aplicada" o equivalentes. Sencillamente, es la denominación que usualmente usted podrá encontrar junto a la de "investigación experimental" en las presentaciones de las agencias de promoción de la investigación. Puede decirse que en la actualidad el empleo de estas distinciones sirven más a un propósito de categorización con fines de financiamiento que de debate teórico.

Los contenidos del plan

Un esquema apropiado para elaborar el contenido del plan es el que sugeriré a continuación. Registra básicamente toda la información que las instituciones suelen exigir y, lo que me parece más importante, le resultará útil para ordenar su trabajo de investigación. Está pensado para que la lógica de la estructura del plan sea lo más consecuente posible con el proceso psicológico de ideación de su propuesta. No obstante, quiero reiterarle que, en cada una de estas decisiones, siempre tiene que considerar primero las normativas de su centro de estudios. Insisto sobre esto porque la tesis constituye también un acto administrativo que opera con sus propias reglas, con independencia del valor propedéutico, preparatorio, que la elaboración de este tipo de documento académico tiene en sí mismo para su futura formación profesional. De todas maneras, no se desconcierte si la disposición de los ítems que componen el contenido del plan de su institución es diferente del que le presento aquí. Algunos modelos institucionales suelen ser más sencillos. Seguramente, si ha seguido este esquema podrá armonizar fácilmente con cualquier otro modelo, tanto en lo que respecta a los títulos de cada una de las partes como en lo que se refiere a lo pensado en ellos.

Orientación general para la confección de los contenidos del plan

Formalización del contenido:

1. Resumen

1.1 Palabras clave

2. Fundamentación del tema elegido

2.1. Antecedentes del tema

2.2. Estado actual del tema

2.3. Planteo del problema

2.4. Alcances y limitaciones de la propuesta

2.5. Aportes teóricos y/o prácticos al campo disciplinar

3. Objetivos

4. Hipótesis

5. Metodología y plan de actividades

6. Bibliografía Inicial

Ya sabemos que el proceso de investigación implica esencialmente responder o procurar dar una respuesta alternativa a ciertos interrogantes que surgen del contexto teórico o práctico de una disciplina, saber o campo de conocimientos, empleando métodos y técnicas específicos. A partir de esta idea básica de lo que tiene que hacer, la modalidad de razonamiento para llevar a cabo este propósito es *situarse* en ese marco general, contexto teórico o práctico, cuerpo doctrinario, etcétera, en el que usted piensa que podrá aportar nuevos conocimientos, decir alguna cosa significativa que no se ha dicho todavía o no se ha planteado de la manera como usted cree que debe o puede decirse. Inclusive, en los trabajos de compilación, como puede ocurrir con las tesinas de grado o trabajos finales de algunas especialidades de posgrado, necesita situarse en el ámbito temático específico y definir, desde ese lugar, los criterios adecuados para buscar, seleccionar y sistematizar la información objeto de su compilación. Por eso pienso que el modo más fácil de asegurar la coherencia lógica de su exposición es acompañar el proceso mismo de descubrimiento del problema de estudio. Una vez que lo haya precisado y enunciado adecuadamente, la formulación de la hipótesis y los objetivos deberían surgir en su mente con naturalidad, por lo menos como idea clara y distinta de lo que busca. La redacción de los objetivos y de las hipótesis es un esfuerzo adicional que no le llevará mucho tiempo hacerlo si ha dado el paso anterior. Para este cometido, como para la elección de los métodos apropiados de validación de su hipótesis y la consecución de los objetivos puede recurrir a la consulta de un profesor idóneo en la materia o a su propio tutor.

Resumen

El resumen es la "memoria técnica" de la tesis que va a elaborar. A esta altura de la confección del plan usted habrá sido capaz de reunir todos los elementos indispensables como para llevarla a cabo con éxito. El resumen del plan es equiparable a los *abstracts* o resúmenes que puede encontrar después del título y antes del texto en los artículos de revistas y en las comunicaciones o *papers* de reuniones científicas. Digo que es equiparable porque lo correcto en los últimos casos señalados es que la síntesis se escriba después de que se haya escrito el artículo o la comunicación, aunque casi todo el mundo académico y los propios organizadores de esos encuentros saben que eso raramente ocurre. Pero lo que aquí interesa es la memoria técnica que debe redactar para su plan de tesis.

La función del resumen en un plan de tesis o tesina es posibilitar a su lector –los evaluadores de su proyecto–, una idea clara y concisa acerca de la postura que ha asumido respecto de la temática que propone como trabajo final. Observe que a diferencia del lector de un artículo o comunicación, la persona que va a leer su resumen es un evaluador y no un ocasional interesado en su trabajo.

El texto no tiene que exceder las trescientas palabras. Los reglamentos de algunas instituciones suelen dar indicaciones sobre la extensión cuando exigen el requisito de este ítem. La tendencia en la redacción de los resúmenes es escribirlos en tiempo futuro, en la convicción de que se trata de "algo que todavía no se ha realizado", –como alguien me supo decir. Mi criterio al respecto es diferente. Para mí lo adecuado es que se escriba en presente (histórico). Le doy algunas de mis razones:

1) El resumen o memoria técnica de un plan es una referencia de la totalidad del trabajo. Es, además, una unidad de sentido en sí mismo porque su sola lectura informa, sin las formalidades propias de su redacción, sobre el problema, los objetivos, la hipótesis, la metodología y el resultado.

2) Como su característica esencial es la de representar un escenario de la tesis realizada, consumada, para redactarla usted debe situarse en ese escenario y describirlo tal como lo visualiza.

3) Un escenario es una realidad que está presente ante sus ojos.

La única dificultad para hacerlo de esta manera es la resistencia que pueda tener en imaginar su trabajo como un hecho y la dificultad psicológica para alterar con un relato en presente lo que el pensamiento lineal le dice que corresponde a un tiempo futuro.

Las ***palabras clave*** son conceptos, expresiones o términos significativos del contenido de su documento y que permiten su eventual recuperación o vinculación temática. Pueden identificarse con los descriptores por la naturaleza de su función. Cuando usted aplica ciertas palabras representativas en un buscador de Internet está empleando descriptores de contenido.

La inclusión de palabras clave en los artículos científicos sirve precisamente al propósito de la indización del artículo. La indización es la operación más significativa del análisis documental que refiere al proceso de descripción y representación del contenido de un documento, mediante un número limitado de conceptos extraídos del texto de los documentos Por eso las palabras clave deben ser las que más apropiadamente caractericen su investigación, de modo de facilitar su futura recuperación temática.

Ejemplo 1:

Título: "Ética y cultura en las organizaciones. El componente ético en la toma de decisiones."

Resumen:

Toda organización es esencialmente un ámbito de valores, pues se constituye a partir de un proyecto que convoca a personas. La cultura organizacional puede definirse como el universo de valores que acompaña la existencia de ciertos sujetos que comparten objetivos y persiguen una finalidad común, con independencia de que cada uno tenga sus propios objetivos o intereses. Sin embargo, ninguna organización podría subsistir cuando no existen algunos valores que convocan a las personas en un mismo proyecto. Ahora bien, la configuración cultural implica de suyo la existencia de valores éticos, explícitos o implícitos, aunque siempre se objetivan en la práctica social de sus miembros y en la dinámica organizacional, en particular, durante la toma de decisiones.

Ejemplo 2:

Título: "Evaluación de la aptitud de hábitat de las plantaciones forestales para la fauna silvestre en el bajo delta del Río Paraná, utilizando *Penélope oscura* (pava común de monte) como especie evaluadora del sistema."

El Delta del río Paraná constituye una zona compleja desde el punto de vista ecológico. La diversidad de formas del paisaje, resultado de procesos geomorfológicos (actuales y pasados) y de distintos tipos de uso, posibilita la coexistencia de gran variedad de especies vegetales y animales. Dentro de este marco ambiental, la pava de monte (*P. oscura*) es representante de los ambientes boscosos y utilizada como fuente extra de proteínas por los pobladores locales. A fin de evaluar la aptitud de hábitat del Bajo Delta Bonaerense y Entrerriano, para esta especie en base a sus requerimientos ecológicos, se seleccionaron indicadores de los mismos que pudieran relevarse mediante transectas sobre imágenes satelitales y fotos aéreas en escalas adecuadas. Estos muestreos se llevaron a cabo en las distintas subunidades identificadas para la región. A partir de dichos indicadores se calculó la heterogeneidad asociada a estas subunidades. Se elaboró un índice de aptitud para la especie en estudio y se relacionó la variación de la heterogeneidad con la oferta ambiental. Se encontró una estrecha relación entre la heterogeneidad del paisaje, dada por algunos de los indicadores, y la aptitud potencial de hábitat para esta especie.

[Merler, 1990: 42]

En los dos ejemplos se narran los contenidos de la propuesta recorriendo los puntos centrales del plan, pero al lector de estos resúmenes no le quedarán dudas de qué se trata el trabajo y qué postura tiene el autor sobre el tema, aunque sea evidente que los estilos discursivos son diferentes. Sin embargo, advierta que el segundo ejemplo está escrito en tiempo pasado, como si el trabajo hubiera ya finalizado. Esto no invalida lo que he dicho sobre la necesidad del presente histórico. En ambos casos se trata de resúmenes de investigación que se han realizado en el marco de una institución universitaria, en este último caso, la Universidad de Buenos Aires. No tengo registro de ello, pero es posible que el autor haya tenido los resultados antes de publicarse el resumen.

Fundamentación del tema elegido

Fundamentar el tema es expresar las razones que le han llevado a elegirlo, sus motivaciones, el interés que tiene para la problemática de la ciencia o saber objeto de su atención, referir el contexto temático, aun cuando sea, por caso, un nuevo tópico del que no se conocen desarrollos teóricos. Para orientarse en esta fundamentación conviene que subdivida la exposición de las argumentaciones que justifican su estudio en los parágrafos indicados en el modelo precedente de contenidos posibles de un plan. De cualquier modo sabe que no se trata de un esquema rígido. Puede agregar o quitar aquellos ítems, sea que le parezcan necesarios o innecesarios para su trabajo.

Así, usted comienza la justificación de su estudio exponiendo los ***antecedentes del tema*** que ha elegido. Imagine una introducción en la que explicará brevemente las razones de su elección, el contexto en que realiza su trabajo, la relación de su tesis con el campo de conocimientos o con los estudios realizados y, eventualmente, con otras investigaciones que usted pudo haber realizado. También, y como anticipo del marco conceptual –teórico o referencial– que desarrollará con más amplitud en el documento final, describirá qué se ha dicho sobre el tema y qué referencias de autores importantes o trabajos de investigación previos existen; en suma, es la "historia" de los aspectos centrales y decisivos de la temática que quiere abordar, capaz de contextualizar su propuesta en el marco de un paradigma científico vigente o de un cuerpo de conocimientos que carece de suficiente base teórica. Usted da cuenta, de este modo, del "estado del arte" de su disciplina en lo que atañe al tema elegido. Como ve, lo que tiene que hacer es poner por escrito, sistemática y críticamente, las lecturas previas (ver capítulo 4) que ha hecho antes de delimitar su tema de tesis, de manera que lo conduzcan a *concluir con lo más importante de esta exposición introductoria y motor de su investigación: el planteo del problema*.

Pero antes de llegar a los interrogantes, el relato histórico conceptual y situacional de los antecedentes desemboca naturalmente en el **estado actual del tema** o estado de la cuestión; es, por decir así, la escena previa al planteo del problema. En este punto debe precisar lo que se sabe actualmente sobre su objeto de estudio, qué vacíos teóricos o de validación existen en torno de la temática, qué perspectivas, si las hay, disputan el problema que ya se ha enunciado durante el desarrollo de su exposición, pero que no ha presentado aún formalmente como interrogante. El estado actual muestra la *vigencia* de la problemática en el seno de la comunidad científica y sugiere la necesidad de estudiar el tema en tal o cual dirección, abordar de tal o cual modo las cuestiones pendientes.

La lógica argumentativa que sigue a la descripción de la problemática del estado actual de los conocimientos le invita ahora a definir formalmente el **planteo del problema**, a qué interrogantes de esa problemática responderá; cuál es, en definitiva, su problema de investigación. Es el momento de formular la pregunta central que quiere resolver y todas aquellas otras, cuyas respuestas le conduzcan metódicamente al resultado esperado (ver capítulo 6).

Cuando usted redactó los antecedentes del tema, de algún modo estuvo trazando las líneas fundamentales para elaborar el marco desde el cual cree que hay que abordar la temática, seleccionar criterios de análisis e interpretar la información. Y la manifestación de su punto de vista sobre el tratamiento de la problemática en el historial del tema le ha permitido saber por qué hay que interpretar la información de esa manera. Esas consideraciones suponen en sí mismas una delimitación temática. El ítem **alcances y limitaciones de la propuesta** es útil para ayudarse contra los excesos propios de perfeccionismo que pueden sobrevenirle durante el proceso de elaboración de su tesis y, sobre todo, abocarse sin distracciones al problema que ha definido. Por otra parte, le permite dejar claro a sus lectores qué deben esperar del trabajo así como, en el momento de la presentación y defensa de su tesis, advertir a los evaluadores sobre los límites que se autoimpuso en la investigación. Todo lo que sobrepase a esos límites puede constituir, sin embargo, el enunciado de nuevas líneas de investigación que abre su estudio, asunto que deberá dejar consignado al final del documento de tesis.

En la sección ***aportes teóricos y/o prácticos al campo disciplinar***, sea del doctorado, de la maestría, de la especialización o de la carrera en el caso de una tesina de grado, informará sobre cuál es la contribución de su trabajo académico al área de conocimientos en el que busca titularse. Destacar la relevancia de su estudio es otro modo de justificar la importancia de lo que va a hacer, más allá del carácter académico-administrativo que tiene un trabajo final de grado o posgrado. Qué nuevos enfoques, procedimientos o aplicaciones se derivan de su investigación. A veces, en esta sección se hace mención de la relación que tiene su propuesta y los resultados que se pueden esperar de ella con la naturaleza y la orientación de los estudios cursados. Por ejemplo, si su tesis corresponde a una maestría en un área determinada de gestión, se supone que la relevancia de su contribución estará en ese campo.

En lo que sigue citaré fragmentos escogidos de un texto que me ha parecido adecuado como ilustración de lo que venimos conversando, en el cual quiero que vincule las pautas indicadas con la manera en que el autor explica su propósito.

> "La obra de Alexis de Tocqueville [...] ha sido generalmente estudiada desde la óptica científico social en sus distintas ramas y especialidades: sociología, historia, politología, psicología social, etcétera. [...] desde su *redescubrimiento* a mediados del siglo XX, el número de investigaciones en esta dirección ha aumentado considerablemente y, entre ellas, cabe destacar las que reivindican para este autor un lugar prominente entre los *padres fundadores* de la ciencia social moderna. Aunque todavía se observan algunos olvidos a la hora de incluirle entre los clásicos del pensamiento social, la obra de Tocqueville es actualmente considerada por muchos especialistas como una valiosa fuente de inspiración para el análisis de la sociedad y la política contemporáneas. [...] Sin olvidar [...] las aportaciones de la ciencia social en la recuperación y clarificación, tanto teórica como metodológica, de su pensamiento, nosotros pretendemos en el presente trabajo algo distinto y, salvo contadas excepciones, poco desarrollado en la investigación sobre este autor: a saber, *leerle como filósofo político*.

No pretendemos con ello justificar el añadido de una nueva etiqueta […] a la larga lista de títulos (historiador, sociólogo, politólogo, psicólogo social, moralista, etcétera) mediante los que se ha venido catalogando la obra de Tocqueville. […] Pensamos que un estudio como el que nos proponemos llevar a cabo puede contribuir a una comprensión más compleja de su pensamiento y, lo que es más importante en nuestro caso, servirnos para repensar, desde sus raíces intelectuales modernas, una cuestión fundamental de la teoría y de la praxis política contemporáneas: *la definición misma de democracia*. Visto así, el pensamiento tocquevilleano no solamente merece, como trataremos de probar, un lugar entre los padres fundadores de la ciencia social moderna, sino también entre los clásicos contemporáneos de la larga tradición filosófico-política que arranca del pensamiento griego de Platón y Aristóteles […]."

[Ros, 2001: *Introducción*].

Objetivos e hipótesis del trabajo

En algunos esquemas institucionales es frecuente encontrar entre los antecedentes, planteo del problema y los objetivos, la exigencia de desarrollar los fundamentos del marco teórico o referencial de la investigación. En el modelo sugerido en este libro estos aspectos están contemplados en la *fundamentación del tema*.

Los *objetivos* reflejan el resultado esperado de la investigación, lo que el trabajo de tesis aportará. Tienen directa vinculación con el problema de investigación, y se corresponden con él. Si el planteo del problema se formula como pregunta, los objetivos *afirmarán* el propósito de alcanzarlo a través de una aproximación por grados de generalidad. El logro de los objetivos es mensurable o, al menos, comprobable por la ecuación resultados esperados/resultados obtenidos. Cualquier evaluador experimentado hará una buena lectura de esta ecuación.

Los objetivos se redactan empleando una de las formas no personales del verbo: el *infinitivo*. Permítame detenerme en este punto. Así como hemos tratado de seguir hasta aquí una secuencia *real* en la elaboración de su trabajo, también la utilización precisa del lenguaje en cada momento facilita la consistencia lógica del resultado de ese proceso y la claridad respecto de lo que se ha propuesto hacer. Conviene a su formación futura como profesional ganar progresivamente una mayor conciencia crítica del saber-hacer; en definitiva, de pensar por qué hace lo que hace. Éste es el valor agregado que debe encontrar en el esfuerzo que está realizando. De este modo podrá expandir su campo de libertad personal para ajustar, recrear o descubrir nuevas alternativas de realización en el área de su competencia y llevarlas a cabo con mayor eficacia. En este asunto tan práctico vale entonces que se pregunte: ¿por qué se recomienda en todos los textos el uso del verbo en infinitivo para enunciar objetivos? No deben satisfacer a su criticidad las razones del simple hecho de la imposición formal de una regla, de un empleo generalizado o de una convención impuesta por la costumbre. La lengua en esto lleva implícita una sabiduría construida por la historia anónima de los pueblos que, muchas veces, mal aprovechamos. Pienso que en el empleo del verbo en infinitivo está presente la idea de ejecución y también el nombre de esa ejecución. No hay otra forma verbal que exprese la intención de apuntar al resultado. Resultado que es el futuro de la acción enunciada. Por eso, la redacción del objetivo en infinitivo le permite visualizar y, al mismo tiempo, controlar lo que quiere alcanzar. Observe atentamente el siguiente ejemplo:

Objetivo: Redactar objetivos de investigación.

El enunciado es preciso, breve e inequívoco. Apunta a que dé cumplimiento a un propósito determinado, acotado, posible de ser medido. El infinitivo "redactar" dice que no puede hacer otra cosa que realizar la acción específica de poner por escrito lo que nombra. No indica varias acciones por realizar, como es común advertir erróneamente en la formulación de muchos trabajos de tesis y proyectos de investigación. Cuanto más extensa es la formulación del objetivo más imprecisión se gana respecto de lo que se busca y, también, más confusa se torna la acción que determina.

Vea ahora la relación con el problema que presuntamente ha dado lugar a este objetivo: "¿Qué es lo que me falta hacer? ¿Cuál es el paso siguiente en la elaboración de mi plan?". "Redactar los objetivos de la investigación". Al problema respondo con la definición de una acción, afirmo lo que quiero lograr. Por eso, la elección del verbo es decisiva, ya que predetermina la respuesta que busca.

Con frecuencia para formular un objetivo se utilizan verbos como explorar, analizar, comparar, identificar, describir, clasificar, determinar, evaluar, medir, etcétera, cada uno de los cuales refiere a resultados esperados diferentes.

Algunos autores (Sabino, especialmente) han puesto de relieve con acierto didáctico la relación entre el planteo del problema –"lo que no se conoce acerca de la realidad"–, los objetivos –"lo que se espera llegar a conocer"–, y la *hipótesis* –"lo que suponemos explica el problema" [1998: 109]. En esta última afirmación el autor citado sugiere que las investigaciones de carácter explicativo requieren de una hipótesis, es decir, de una proposición que exprese lo que se supone provoca los fenómenos y que se busca analizar; no así o no siempre así, las descriptivas y exploratorias.

Según convenga al propósito de su investigación usted podrá formular objetivos de distinto nivel de abstracción. Así, podrá enunciar *objetivos generales* u *objetivos específicos.* Estos últimos tienen que ser lo suficientemente concretos como para que puedan ser verificados. Se entiende que el logro de los objetivos específicos permite acceder a los objetivos finales o generales. Los objetivos no suplen a las hipótesis, aunque en algunas investigaciones donde la hipótesis no es explícita, sirven como articuladores del estudio.

Veamos un ejemplo más, relacionado con uno de los trabajos citados precedentemente:

Objetivo General

Evaluar el grado de utilización de mediciones económicas en el proceso de toma de decisiones en materia de seguridad informática.

Específicos (o particulares)

1) Analizar las metodologías actuales de análisis de costos y beneficios asociados a las inversiones en seguridad informática.

2) Determinar si las organizaciones utilizan esas metodologías en sus procesos de toma de decisiones en materia de seguridad informática.

3) Identificar los motivos que justifican su utilización o su falta de uso.

4) Determinar si es posible expresar la seguridad informática en términos de beneficios para la organización.

* * *

En el siguiente ejemplo, tomado de un plan de tesis de doctorado, la autora no ha distinguido entre objetivos generales y específicos. Sin embargo, es fácil discernir que existen entre ellos diferentes niveles de abstracción. Tenga en cuenta para su lectura el título del trabajo: "Los derechos del pueblo y el fundamento de la democracia moderna en el siglo de oro español":

Objetivos:

1) Identificar los fundamentos del concepto de democracia entre los pensadores salmantinos.

2) Comparar la visión salmantina de la constitución del Estado con el producto intelectual de los pensadores políticos de la Modernidad.

3) Analizar las posibilidades hermenéuticas de las nociones de persona y justicia entre los pensadores salmantinos para la comprensión de la problemática contemporánea.

Aunque no lo haya hecho explícito (1) es el objetivo general. El verbo "identificar" expresa claramente lo que hay que lograr si nos atenemos al título de la tesis. Pero para ello será necesario que la tesista logre cumplir previamente con los objetivos (2) y (3). Por supuesto, deberá dar cuenta en el desarrollo de su trabajo de los términos, conceptos o variables de análisis que en el ejemplo aparecen vinculados: derechos del pueblo, persona, justicia, democracia.

* * *

Podría decirse en general que el cumplimiento de los objetivos es la prueba o la refutación de la hipótesis, suposición o conjetura que ha afirmado como solución tentativa al problema. En suma, usted debe asegurarse de establecer una directa relación entre 1) el problema de investigación, que pueden ser uno o más interrogantes; 2) los objetivos, que afirman lo que se quiere estudiar; y 3) la hipótesis, que es su respuesta, probable por cierto, al problema.

Esa respuesta probable y provisoria al problema de investigación siempre está presente en una investigación. Con todo, la tendencia que sigue prevaleciendo es restringir el empleo de hipótesis a las ciencias experimentales. A pesar de ello no se ha visto como contradictorio que las instituciones universitarias y las agencias de promoción de la investigación exijan la formulación de hipótesis para proyectos o tesis del campo de las ciencias sociales, humanidades e inclusive de la filosofía.

Una **hipótesis**, como su nombre lo indica, es una suposición, una conjetura, lo que creemos que *explica* ciertos fenómenos, lo que mejor los *describe* o, lo que facilita la *exploración* de ese campo. Opera pues como guía que permite articular la investigación. De ahí que, muchas veces, la reconozca en las tesis que no pertenecen al campo de las ciencias experimentales con el nombre de "hipótesis de trabajo". Esa respuesta enunciada por la hipótesis necesita siempre contrastarse, pero no sólo empíricamente como sugiere esta tendencia positivista de la ciencia; la argumentación, la lógica del discurso también constituyen modalidades de prueba para aproximarse al conocimiento de los hechos. Mal se podría seleccionar hechos significativos de la realidad histórica, por ejemplo, si no determináramos un criterio de análisis. Pero la definición de un criterio implica ya una "idea", una conjetura acerca de cómo y cuáles son los hechos que puedo reunir como significativos. Un enfoque historiográfico no es lo mismo que un enfoque filosófico de los mismos hechos, pero en ambos casos se parte de la premisa de la posibilidad de que esos hechos contengan (o no) una de esas perspectivas. La investigación sistemática, rigurosa, metódica deberá dar cuenta de esa mirada y determinar críticamente cuáles son sus límites.

Ahora bien, *una hipótesis se formula al modo de una proposición en la que se vinculan dos o más conceptos (o variables). A diferencia del objetivo de investigación que tiene la función de controlar el logro del resultado, la hipótesis es una afirmación probable enunciada con ese carácter como respuesta al problema. Su verdad no está probada y no es necesario que lo sea.* Para el primero de los ejemplos de objetivos, los enunciados de las hipótesis son:

Hipótesis 1:

Los fundamentos del concepto de 'democracia', identificado habitualmente como producto de la Modernidad, han sido planteados y desarrollados filosóficamente por los pensadores salmantinos de los siglos XVI y XVII.

Hipótesis 2:

Los desarrollos conceptuales de los pensadores salmantinos en torno a la persona y a la justicia en todo ordenamiento sociojurídico constituyen claves interpretativas para la comprensión de la problemática de los derechos humanos en nuestro tiempo.

En la *hipótesis 1* la autora afirma una verdad que debe probar. Pero puede ocurrir que no logre hacerlo porque descubra que no existen correspondencias significativas que así lo avalen, o porque ella no ha logrado encontrar documentación suficiente para sostener su afirmación. Igualmente necesitará, como ya señalé, definir con precisión los términos que constituyen la clave de su enunciado para mostrar el vínculo histórico que indica en la misma hipótesis. Algunos de esos términos aparecen en la *hipótesis 2* asociados con un nuevo concepto, el de "derechos humanos". Sin embargo, pruebe o no su hipótesis, la acción predeterminada por cada uno de los objetivos le habrá servido para evaluar el resultado de su investigación.

Para el segundo de los ejemplos, la hipótesis es:

Hipótesis:

Los mecanismos económicos de medición de la seguridad informática no son utilizados en todo su potencial y ésta no es percibida en términos de beneficio para la organización.

Metodología y plan de actividades

En este apartado del plan usted declarará *cómo va lograr su objetivo, de qué modo responderá a la pregunta de investigación y con qué procedimientos e instrumentos probará su hipótesis*. El diseño metodológico de la investigación es una estrategia. Cuanto informe en este ítem debe después ser fundamental para enfocar su trabajo sin pérdidas de tiempo y esfuerzos. Todo lo que consiguió realizar hasta ahora –delimitación del tema, definición precisa del problema, formulación de objetivos e hipótesis– le servirá para buscar la manera adecuada para concretarlos. El diseño metodológico es específico; depende de ellos como, por así decir, su calzado se corresponde con la medida de su pie. Retenga esta relación para no caer en la trampa –a veces narcisista– de informar en este punto que utilizará modelos metodológicos que no empleará efectivamente en su estudio.

Clasificación de los métodos de investigación

Aunque el objeto de este libro no es desarrollar los diferentes procedimientos y modelos de investigación en ciencias y en humanidades, pues no es estrictamente hablando un libro de metodología de la investigación, creo que es indispensable para su orientación consultar textos específicos o bien, aconsejarse con un especialista las posibilidades de alternativas que tiene y que usted adecuará al tema de su tesis.

Existe una diversidad de clasificaciones sobre métodos, técnicas y tipos de investigación. El criterio que define estas clasificaciones depende de que usted quiera dar prioridad a la finalidad de la investigación, los medios, la índole del trabajo que se propone, el uso del tipo de técnicas (cualitativas, cuantitativas o mixtas, que es lo habitual), el lugar de realización, el estilo de intervención, la naturaleza del análisis, la proyección que desea que tenga, el alcance temporal o espacial, etcétera. No son necesariamente excluyentes entre sí. El modo de catalogación, cualquiera sea el criterio seleccionado, tiene que facilitarle el posicionamiento en el abordaje de su estudio; permitirle ordenar qué diseño conviene a su investigación. Veamos algunos de ellos.

Hay, en principio, ***diseños experimentales y no experimentales de investigación***. Esta simple distinción permite muchas veces resolver el problema de elección de diseño. Sin embargo, puede ser que su problema requiera una mayor especificidad metodológica. Cada vez que esto ocurra, reitero, consulte a una persona idónea o un texto apropiado sin inquietarse por eso. Usted está haciendo una tesis. Su especialidad no es la metodología ni la estadística. Si necesita desarrollos de cierta complejidad en estas disciplinas, una consulta a tiempo puede allanarle caminos o descubrirle alternativas no pensadas por usted.

En la *investigación experimental* se opera con una o más *variables* que se manipulan deliberadamente en función del objetivo de estudio y la hipótesis en juego, por lo general, en el marco de un contexto controlado por el investigador. El paradigma es la investigación de laboratorio. El carácter intencional y construido de la situación marca la diferencia con la *investigación no experimental*. En esta última no hay posibilidad de construir la situación que se quiere estudiar. Esto es lo que ocurre en las investigaciones en ciencias sociales y en humanidades. Los procedimientos más frecuentemente empleados son la observación y las diversas técnicas de análisis. Los modelos metodológicos que mejor las caracterizan podrían ser el hermenéutico o comprensivo-interpretativo y el fenomenológico del sentido de la realidad. Pese a esta distinción casi extrema, es indudable que todas las ciencias se proponen interpretar los fenómenos a su alcance y lo hacen por los medios adecuados a su objeto de estudio.

Conviene ahora que haga una aclaración breve y pertinente sobre el empleo de las nociones de **variable, término y concepto**, en particular, si usted está realizando una tesis en el campo de las humanidades. El término 'variable' se ha generalizado de tal modo para cualquier tipo de estudio a partir de la difusión en manuales de metodología y requerimientos poco críticos de algunas instituciones que, si en una investigación no se habla de ellas, pareciera que el trabajo carece de toda cientificidad, rigor metodológico, etcétera. No se sienta presionado por esto. Pienso que este fenómeno obedece más a una recidiva del paradigma positivista y racionalista que a la realidad del trabajo intelectual. Para este paradigma la única explicación científica valedera era la causal. Las cosas ya no son así en la ciencia. Ningún paradigma es absoluto y puede generalizarse. Cada problema exige la formulación de un método apropiado. *Las tesis del área de las humanidades, de la filosofía y muchas de las ciencias sociales no necesitan obligarse al uso de esta terminología.* En este otro campo de conocimientos se habla de conceptos o términos que, como las variables, deben definirse con precisión, pues el uso equívoco o ambiguo de un concepto convierte en lógicamente inválida cualquier argumentación. La palabra 'variable' se vincula más bien con los procedimientos que se realizan durante la experimentación, en la cual se identifican ciertas propiedades de un fenómeno denominadas de ese modo. La variable que opera como determinante en el experimento se llama *independiente*. La que está determinada, *dependiente*.

Concurrente con la especificidad necesaria de su diseño puede ser valiosa para una aproximación la clasificación que considera tanto la *finalidad* de la tesis, tesina o trabajo final, como los *medios* que se emplean para realizar la investigación. En el primer sentido los tipos más conocidos de investigación son: 1) la *exploratoria*, que es la que se aplica cuando en un ámbito del saber existe poca o escasa información vinculada con el tema; 2) la *descriptiva*, que recoge información, sistematiza y evalúa en cierto modo las propiedades o características de una población o fenómeno determinado; 3) la *explicativa*, que procura responder a las causas y motivos del comportamiento de los fenómenos mediante la ponderación de variables en las ciencias experimentales o interpretando los hechos en las ciencias humanas, en cuyo caso puede hablarse con amplitud de método *comprensivo*. Respecto de los *medios* adoptados para la investigación, están las investigaciones de campo, de laboratorio, clínicas, documentales, bibliográficas, participante, estudio de casos, etcétera.

Siempre que asome una sombra de incertidumbre en la elección de su diseño metodológico vuelva sobre los interrogantes que dieron origen a su propuesta, revise los objetivos de su tesis y la "idea" que tiene sobre esos interrogantes (hipótesis). Si el planteo de su problema exige observación, medición de resultados, pruebas empíricas, evaluación estadística, ya tiene en principio definido las alternativas metodológicas que convienen a su propósito. Si, en cambio, solamente quiere realizar una descripción de ciertos acontecimientos, adelantar una visión comprensiva de la realidad, sistematizar un cuerpo disciplinario, comparar y discutir teorías, entonces, está más cerca de un modelo cualitativo de investigación. Sin embargo, la elección excluyente de una metodología cualitativa o cuantitativa no agota las posibilidades de conocimiento de los fenómenos naturales y humanos. La utilidad de un enfoque sólo puede servir a un objeto de estudio único y bien delimitado, que es en realidad lo que a usted le interesa para la elaboración de su tesis. Es también, por otra parte, lo que ha venido haciendo la ciencia desde la antigüedad. Su compromiso crítico es seleccionar el mejor instrumento a su alcance para responder a su problema de investigación. Por ejemplo, el estudio de casos es útil en las tesis o tesinas que buscan responder a problemas vinculados con la gestión, investigaciones educativas o clínicas. En cambio, no es útil si se trata de un problema en el que deba evaluar, por ejemplo, el comportamiento de determinadas sustancias en el organismo animal. En esta situación adoptará la investigación de laboratorio.

Un comentario complementario acerca de la ***relación entre método y técnica***. En realidad la manera de hacer operativo el empleo de un método es usar los instrumentos o procedimientos que son las técnicas. Usted puede emplear distintas técnicas en el marco de un abordaje metodológico determinado. Las técnicas, pues, forman parte de un método. Así, hay diversas formas de recoger información, en función del método que está empleando. Una cosa es la recogida de información en una investigación de campo y otra distinta es el empleo del método clínico. Algunas de las técnicas de uso frecuente y extendido son, por ejemplo, la observación, la entrevista, el cuestionario, el análisis sociométrico, la recopilación documental.

Plan de actividades

El plan de actividades o cronograma de trabajo es el único de los desarrollos del plan de tesis que no figurará en el documento final. Sin embargo, no debe cumplir este requisito como una mera formalidad, sencillamente porque lo exigen casi todos los centros de estudio. Es básicamente un instrumento de control indispensable para que usted logre su cometido con el más bajo costo de dispersión en tiempo, recursos y esfuerzos adicionales o improductivos. Complementa el diseño metodológico y sirve a diferentes propósitos concretos:

1) Establece los tiempos parciales y totales que ha previsto para realizar su trabajo.

2) Precisa las actividades fundamentales que debe cumplir y, si es posible, el orden secuencial de realización.

3) Indica las tareas importantes y aquellas otras que puede prescindir si tiene un límite estricto de presentación de su tesis.

4) Informa a sus evaluadores de la factibilidad de su proyecto y faciilita a su tutor seguimiento del desarrollo de su trabajo.

5) Fija las necesidades de recursos materiales.

Algunos de estas funciones adquieren mayor relevancia en tesis que se desarrollan en ámbitos especiales –investigaciones de campo y de laboratorio– que exigen un ordenamiento de tareas con programas detallados de actividades e, inclusive, necesitan establecer previsiones sobre insumos para la experimentación, análisis de materiales, viajes, etcétera. En otros casos, bastará con que usted realice un simple cuadro de doble entrada, una matriz de tiempo y actividades.

El siguiente es un ejemplo de diagrama de Gantt simplificado, aplicado al proyecto de tesis arriba mencionado:

Cronograma de actividades

Actividades \ Meses	1	2	3	4	5	6	7	8	9	10	11	12	13	14	15	16	17	18	19	20
1. Revisión, búsqueda, registro y evaluación documental y bibliográfica.	█	█	█																	
2. Elaboración y desarrollo del marco teórico conceptual.			█	█	█															
3. Análisis de los problemas propuestos en función del marco teórico conceptual.					█	█														
4. Aplicación de los resultados del análisis a los pensadores salmantinos según los conceptos planteados como fundamentales.							█	█	█											
5. Reflexión comparativa con los problemas y autores contemporáneos.									█	█	█	█	█							
6. Redacción del borrador de trabajo final y puesta a consideración del Director y co-Director de Tesis.														█	█	█	█			
7. Redacción final de Tesis																		█	█	█

Algunas de las actividades informadas en el cuadro podrían haber dado lugar a una más prolija discriminación, por ejemplo, abriendo nuevas filas o inclusive nuevas columnas con periodos más breves de cumplimiento. Sin embargo, aun así sirve a la función de ordenamiento del trabajo de la tesista y al control de los evaluadores del plan.

Bibliografía inicial [o referencias]

El apartado *bibliografía* o *referencias* de un plan permite orientar a la institución y a los evaluadores del proyecto sobre las lecturas previas *actualizadas* que usted ha hecho. En la mayoría de los casos, pero sobre todo cuando sabe que existe abundante material bibliográfico sobre su tema de investigación, conviene agregar al título del ítem la especificación de 'inicial', con el objeto de advertir a sus lectores que ha consultado hasta ese momento ese material para realizar el plan de la tesis. Es aconsejable no copiar respaldo referencial que no ha leído o consultado todavía. En otros casos, especialmente en las tesis o tesinas que se realizan en el área de humanidades y filosofía, la sección bibliografía de un plan permite saber si las fuentes con las cuales trabajará son primarias (ediciones críticas de los autores que analizará, manuscritos, textos en el idioma original o traducciones responsables y anotadas, registros y documentos de archivos, etcétera.) o secundarias (calidad del apoyo teórico, comentaristas reconocidos, etcétera). Por lo general las fuentes en ciencias experimentales son trabajos de laboratorio, observaciones y experimentos informados en revistas prestigiosas de la especialidad. En cambio, en disciplinas como las matemáticas, la lógica o, también, para las tesis sobre temas de desarrollo teórico (como en algunos trabajos de física), las fuentes habituales son los artículos de revistas y libros. Poca o nula seriedad científica revelan algunos proyectos de tesis y trabajos finales de maestrías y especializaciones en áreas de gestión cuando utilizan como referentes de autoridad teórico-práctica artículos de revistas y libros de divulgación, excepto que los utilice para contrastar estudios de casos bien diseñados. Si esa es su situación, le aconsejo evitarla.

Este soporte bibliográfico o documental básico, inicial, debe estar correctamente referenciado, de modo que el lector pueda ponderar con claridad los alcances y el nivel académico de su propuesta. Más adelante encontrará en el libro dos capítulos especialmente dedicados a las distintas formas de referenciar documentos.

Recuerde:

√ *El plan es su carta de presentación efectiva.*

√ *La carátula debe servir para identificar la propuesta.*

√ *Para fundamentar la elección y los antecedentes del tema usted debe tener en claro cuáles son sus intereses de conocimiento y su relación con el campo de investigación y aplicación.*

√ *El estado actual del tema debe mostrar la vigencia de la problemática.*

√ *El momento del planteo del problema es clave. Formúlelo como una interrogación.*

√ *Los objetivos expresan lo que aportará el trabajo en diferentes grados de aproximación. Deben redactarse en infinitivo.*

√ *Los objetivos no suplen a la hipótesis, si bien cuando la hipótesis no es explícita sirven como articuladores del estudio.*

√ *La hipótesis es una respuesta probable y provisoria al problema, opera como guía orientadora de la investigación.*

√ *La hipótesis exige la contrastación o la prueba lógica argumentativa, según corresponda al tema de su trabajo.*

√ *Para elegir el método vuelva sobre los interrogantes que originaron su propuesta. A la vista de ellos seleccionará los instrumentos más adecuados.*

√ *Las técnicas forman parte del método y facilitan su operatividad.*

√ *El cronograma o plan de tareas es el instrumento de control para economizar tiempo, recursos y esfuerzos improductivos. Es importante para saber qué debe hacer en cada etapa de la elaboración de su tesis. No se incluirá en el documento final.*

√ *En el plan la referencia bibliográfica orienta a sus evaluadores acerca de los conocimientos que tiene para realizar la tesis. Sea cuidadoso con el modo de citar.*

√ *El resumen es la síntesis final de lo que ha hecho. Tiene que ser claro, conciso y dirigido a los evaluadores de su plan. Para redactarlo, imagine el escenario de su tesis ya realizada y descríbalo.*

Capítulo 9

La realización
del documento final

Una vez que haya presentado su plan de tesis ante el área académica o administrativa de su institución, puede regalarse un breve respiro mientras espera la respuesta a su gestión, excepto que tenga plazos muy exigidos para entregar el documento final. Muchos centros de estudios ponen plazos perentorios de entrega, a veces en contradicción con lo que significa efectivamente hacer un trabajo de tesis, sobre todo si se trata de una tesis de doctorado. La intención de esta determinación es la de evitar que el primer y gran paso que ha concretado no se desvanezca entre las excusas de las ocupaciones corrientes o la sensación de cierto desasosiego que implica volver a empezar. Ciertamente, muchos alumnos que le han precedido en estos menesteres que ahora ocupan su atención, alternan un estado de euforia, por lanzarse quijotescamente a transitar este último tramo, con un estado de parálisis, porque tienen la falsa percepción de que su trabajo ha sido prácticamente hecho cuando presentaron el plan "¿Qué más es necesario agregar?", es una pregunta curiosamente frecuente formulada por quienes deben presentar tesinas de grado o trabajos finales en los cursos de especialización.

Con independencia de estas circunstancias en las que su tutor puede ayudarlo de diversa manera a ordenar la nueva tarea o a hacerle tomar conciencia de que sólo ha redactado el proyecto de lo que va a investigar, este breve respiro suele ser beneficioso para reflexionar sin presiones administrativas acerca de la disposición de los medios que habrá de asegurarse para emprender esta segunda y definitiva etapa de su camino para alcanzar su objetivo profesional. Como hemos compartido en el capítulo 7, en este momento tiene para sí una sola certeza: la redacción del plan ha definido el punto de partida y anticipado un punto de llegada tentativo de su tesis, los alcances que tendrá su investigación, la modalidad de trabajo que ha adoptado y un cronograma de actividades. Sabe también para su tranquilidad que, a pesar de su importancia, el plan es sólo una guía, no es un esquema rígido que impida cambios si necesita hacerlos. Ser riguroso en la investigación no quiere decir necesariamente inflexibilidad en los procedimientos cuando la consecución de su objetivo lo obligue a ello. Claro que en cada caso debe dar cuenta, fundamentar críticamente o sencillamente explanar, de la necesidad de esos cambios, en particular si son sustantivos para la contrastación de su hipótesis de trabajo.

Con esa misma flexibilidad, consideraré en este capítulo dos modelos de desarrollo de trabajos de tesis. La idea es valorar tanto la estructura habitual que emplean las ciencias experimentales como la que orienta a los documentos de las ciencias sociales en general, las humanidades y la filosofía. En realidad, *la elección de uno u otro modelo debería estar reglada por el objeto de estudio*. Empero, algunas instituciones tienen preferencia por uno de ellos, y esa preferencia institucional es para usted una imposición reglamentaria de la cual no debería sustraerse. Ambas son igualmente útiles para la elaboración de su tesis. De cualquier modo, antes de hacer una sucinta explicación de los pasos implicados en cada uno de los modelos, anotaré la correspondencia que existe entre ellos. Para más detalles consulte el capítulo anterior.

Modelos de tesis

Observe a continuación que en la estructura del *modelo 1*, los ítems 5, 6 y 7 son una desagregación particular de lo que se menciona como "cuerpo principal" en el *modelo 2*. Esta diferencia formal tiene sentido en el *modelo 1* porque en las tesis del campo de la ciencias experimentales el apartado *materiales y métodos*, que puede constituir la estructura de capítulos del documento con esos nombres, describe detalladamente las condiciones en que el investigador lleva a cabo el experimento, materiales que emplea, técnicas que utiliza, procedimientos que sigue, tipo y forma de mediciones que realiza para probar sus hipótesis. En otras palabras, con la información que el investigador en este campo de conocimientos suministra, cualquier otro investigador tiene que estar en situación de *replicar* el experimento, recrear su investigación sobre la base de los protocolos allí definidos, ya sea en el mismo lugar y con el mismo equipamiento o en cualquier parte del mundo con una nueva instalación.[5] Con este fin, que asegura la seriedad y honestidad de su trabajo, en la sección *métodos*, el tesista de estas disciplinas debe comunicar minuciosamente sobre todo aquello que se relacione con el diseño de la investigación, en particular con la descripción de las técnicas y procedimientos empleados para alcanzar el resultado y el alcance de las mediciones realizadas durante las pruebas. Para un investigador en ciencias sociales o humanidades copiar "al pie de la letra" el *modelo 1* añadiría una nueva dificultad a la lógica propia de argumentación en su área disciplinar, pues normalmente no utiliza otros insumos que "materiales" de archivo (documentación) y bibliografía. Es obvio que este respaldo bibliográfico debe quedar clara y precisamente informado mediante la correcta trascripción de las citas e indicación de referencias, de modo que sus lectores puedan contrastar su empleo o las diferencias interpretativas textuales. No me parece necesario entonces extender la validez de un modelo por sobre otro a todos los posibles campos temáticos de realización de trabajos científicos o académicos. Así, el aumento de las investigaciones en ciencias básicas por la estandarización de este modelo hacia 1979 por la *American National Standards Institute* [Day, R., 1996], no es razón suficiente para uniformar a todas las ciencias, pues, ese incremento sólo fue medido en el área de esas disciplinas.

Modelo 1: Para las ciencias experimentales

Una tesis o trabajo en el campo de las ciencias experimentales puede incluir las siguientes secciones:

1)   Carátula o Portada

2)   Resumen (en castellano y, eventualmente, en inglés) y palabras clave

3)   Tabla de contenidos

4)   Sección introductoria

5)   Materiales y Métodos (puede ir como secciones y/o capítulos)

---

[5] Para un desarrollo más amplio de todos los aspectos que atañen a la modalidad de investigación en estas ciencias, puede consultar el tomo 1, unidad 7, de mi libro *Pensar y hacer en investigación* [2002: 237-293]. Allí el Dr. E. N. Cozza contribuye con un capítulo dedicado a "La investigación científica en la ciencias naturales. El viaje desde el conocimiento del tema hasta las conclusiones."

6)   Resultados (puede ir como secciones y/o capítulos)

7)   Discusión (puede ir como secciones y/o capítulos)

8)   Conclusiones

9)   Anexos o Apéndices

10)   Referencias o Bibliografía

11)   Índices

En cambio, una tesis o trabajo en el campo de las ciencias sociales, las humanidades y la filosofía incluye habitualmente las siguientes secciones:

Modelo 2: *Frecuente en las ciencias sociales, humanidades y filosofía*

1)   Carátula o Portada

2)   Resumen (en castellano y, eventualmente, en inglés) y palabras clave

3)   Tabla de contenidos

4)   Sección introductoria

5)   Cuerpo principal (secciones y/o capítulos)

6)   Conclusiones

7)   Anexos

8)   Bibliografía

9)   Índices

Aspectos particulares de la presentación

Es muy difícil que la institución donde realiza su tesis no tenga reglamentado, por ejemplo: idioma en el que debe estar escrito, cantidad de ejemplares que debe presentar para evaluación de los jurados, características de la encuadernación, formato (tipo de fuente, interlineado, tamaño de hoja, impresión y extensión, conforme se trate de una tesis de doctorado, maestría o trabajo final de especialización, tesina de licenciatura, etcétera). No obstante, como para que tenga una referencia aproximada en el supuesto caso de que no existiera una normativa puntual respecto de esto, sugiero la siguiente, que usted adecuará a sus circunstancias específicas. Los evaluadores suelen ser tres o más de tres. Por tanto, presente cuatro ejemplares del documento, encuadernados en forma tradicional, aunque a veces son aceptadas encuadernaciones estándar sin lomo y con espiralado. Usted ya ha consultado el archivo o biblioteca de su institución y habrá visto ejemplares anteriores. Oriéntese por eso. En este punto no es necesario que demuestre que usted es distinto. Su originalidad debe quedar reflejada en los contenidos del documento y no en los aspectos formales. El tamaño de hoja es, por lo general, DIN A4, la fuente para el cuerpo del texto Times New Roman o Arial 12 con interlineado de texto 1,5 o sencillo para citas intertexto e impresa únicamente al anverso. Márgenes superior e inferior 2,5; izquierdo 3,5 o mayor para facilitar la encuadernación; derecho 2,5 o menor. Como ve es relativamente arbitrario. Lo que debe buscar en todos los casos que la presentación del original de su tesis tenga buen estilo y pueda ser leída sin dificultades. En suma, el diseño gráfico debe facilitar la lectura de su tesis.

Carátula. Deberá consignar la siguiente información (compare cómo en este esquema no figuran datos que, en cambio, sí indicaba en la portada del plan):

Formalización de la carátula:

Universidad XX
Departamento de ZZ (*)

(Doctorado en..., Maestría en...,
Especialización en..., Licenciatura en...) (*)

Tesis (de Doctorado, de Maestría)
o Tesina (de Licenciatura) o Trabajo Final

Título
Subtítulo (si corresponde)

Autor/a:
Director/a (o tutor/a) de tesis:
Co-director/a: (si corresponde)

Año

Nota: Lo que está marcado con asterisco es optativo.

Encuadernación. La encuadernación puede ser sencilla (con espiral o lomo encintado) o tradicional. En la estructura de un libro el lomo es el lado opuesto al corte de las hojas, el espacio en el que se reúnen los pliegos. En las buenas encuadernaciones se cosen y se encolan. En la actualidad se utilizan otras técnicas para unir los pliegos. Analógicamente, en las tesis encuadernadas que permiten la existencia de un lomo debe consignarse: sigla de la institución, título breve, autor y año. Es obvio que si usa un espiralado estas indicaciones son innecesarias.

Contenidos preliminares del documento final

Las páginas siguientes –en realidad, las iniciales– están destinadas a ***dedicatoria***, ***agradecimientos*** y *el resumen*. Suelen ordenarse con números romanos. Las dos primeras son opcionales, aunque siempre tendrá a quién agradecer por el apoyo recibido para realizar su tesis. Por una cuestión de estilo, debería evitar el ordenamiento numérico de la portada y dedicatoria.

Considere que el ***resumen*** del documento final, a diferencia del que hizo para el plan lo escribirá cuando haya terminado su tesis, pues representa por sí mismo una completa y clara idea del aporte que realizó al campo disciplinar del tema de tesis. Su importancia se basa en que, por lo general, se difunde como texto independiente a la comunidad académica y a eventuales lectores de su tesis a través de la página Web de la institución o en cuadernillos especiales. Debe escribirse en la lengua en que ejecutó su trabajo. Sólo excepcionalmente, y por las características del tema o de la institución en que la presenta, puede escribirse en otro idioma. Así, por ejemplo, era costumbre hasta no hace mucho tiempo el uso del latín para la escritura de las tesis. En la actualidad es común presentar también un *resumen* en inglés (*abstract*), aunque no haya un expreso requerimiento institucional. Además, generalmente debajo del resumen deberá incluir las **palabras clave** en castellano y, de presentar un *abstract*, las palabras clave en inglés (*keywords*).

La ***tabla de contenidos*** es el índice de todo el documento. No debe entonces confundirlo con los *índices especiales*, por ejemplo, los temáticos o analíticos, los onomásticos, de gráficos y figuras, ilustraciones, etcétera. Estos índices especiales, tanto como el glosario, si cree que su trabajo lo necesita, y los anexos deberá mencionarlos en esta tabla o índice general, pero colocarlos al final. El índice de contenido sólo se pone al final de un texto cuando éste es una obra de ficción.

El resto de la presentación sigue las pautas de uno de los dos modelos sugeridos y desde ahora paginará con números arábigos. La página "1" corresponde a la primera página de la *sección introductoria*. El *cuerpo principal* se divide en capítulos con sus títulos respectivos; es la estructura más corriente, a la manera de un libro. En el modelo de las ciencias experimentales podrá usar como títulos de capítulos: "materiales", "métodos", "discusión", del mismo modo que en el *modelo 2* es habitual encontrar como título de un capítulo "marco teórico". Le recomiendo no titular con la palabra 'desarrollo' la parte de su documento en la que intentará justificar su hipótesis de trabajo. Se supone que toda exposición, todo informe tiene una introducción, un desarrollo y una conclusión o cierre. Lo que suele llamarse 'desarrollo' a los efectos pedagógicos es la sección en que defiende su punto de vista o "desarrolla" su punto de vista, por lo tanto, debería nombrar con un titulado específico las distintas fases o pasos de su fundamentación.

Contenidos centrales del documento final

Hemos visto ya que en un documento de tesis o tesina y, en general, en todo informe científico, las secciones principales son: 1) la introducción, 2) el cuerpo del trabajo, y 3) la conclusión. En el modelo empleado por las ciencias experimentales, la sección 2 contempla las fases: a) materiales, b) métodos, c) resultados, y d) discusión.

En cualquier caso se ha hecho corriente dividir el cuerpo del trabajo en capítulos, con menos frecuencia en partes y secciones. No hay una razón expresa para esta indicación ni una preceptiva hegemónica que no sea el buen ordenamiento de la exposición. Además de la costumbre, es evidente que el diseño de una estructura en capítulos en esta fase facilita la inteligibilidad del documento y permite que usted ordene clara y distintamente la secuencia de pruebas, procedimientos o argumentaciones que sostienen los objetivos e hipótesis de investigación. Todos estos aspectos, en definitiva, dependen de su buen gusto y de las normativas institucionales.

Introducción

La introducción es la presentación discursiva del documento de tesis, por lo que en esta sección deberá exponer todos los aspectos de relevancia que contiene su trabajo, particularmente las *razones que justifican su rea-*

lización: importancia del problema de que se ocupa en el marco de su disciplina, modalidad del enfoque metodológico que aporta o reconoce en el tratamiento del tema, estructura del trabajo, motivación para abordarlo.

La introducción, a diferencia de un prólogo, expone los lineamientos más importantes vinculados con la materia de que trata la tesis. Piense que tiene que ofrecer al lector de su trabajo una explicación suficientemente precisa de su propósito y cómo lo va a lograr. Aquí no se trata solamente del cumplimiento de una obligación administrativa para titularse. Usted alcanza con este trabajo el grado académico porque demuestra que es capaz de realizarlo.[6]

¿Recuerda cuando elaboró el plan de tesis? Usted preparó cuidadosamente la fundamentación del tema. En ese momento repasó varios aspectos que ahora puede volver a utilizar en el documento final. Por eso le dije que era importante hacer un esfuerzo serio en la preparación del proyecto. En el tiempo transcurrido desde entonces, seguramente ha madurado un poco más su tema. Este es el momento en el que debe aplicar esa experiencia. Como orientación, si aún le persiguen las dudas perfeccionistas, estará bien que en la introducción haga un comentario analítico del índice, esto es, una articulación discursiva de lo que se propone demostrar, mostrar o describir –según se trate su trabajo–, indicar referencias sobre las fuentes principales que utilizará y, por supuesto, los alcances y limitaciones de su investigación.

Para su tranquilidad, del mismo modo que hará con el resumen, deberá revisar y modificar esta introducción si es preciso cuando evalúe que su investigación haya concluido. Por eso no debe considerar que todo lo que se incluye en ella es definitivo, por ahora es sólo un borrador. Durante la primera redacción conviene que escriba todo lo que piensa que es y que va a hacer de su tesis. En síntesis, la escritura de la introducción debe servirle para determinar cuál será el centro de la tesis y qué aspectos se considerarán periféricos. Por supuesto que esto cambiará a medida que se desarrolla la investigación o cuando redacte el informe final de tesis.

Cuerpo de la tesis

La sucesión de secciones, capítulos o partes que siguen a la introducción constituyen el núcleo de su trabajo. A través de estas divisiones con que ordena el texto de su exposición, usted desarrollará las pruebas empíricas o argumentativas que validen las hipótesis sustentadas desde su punto de vista. En cada ocasión que su tema y el proceso de investigación lo reclamen deberá dar cuenta con el mayor rigor posible a su alcance de: 1) los fundamentos teóricos que respaldan su abordaje del problema o las diferencias que usted sostiene con los paradigmas vigentes sobre la cuestión tratada; 2) la calificación crítica de los métodos o instrumentos que emplea; 3) el modo de recolección de la información y la selección del material de análisis; 4) los parámetros o criterios en la interpretación de los datos; 5) la evaluación de las variaciones en las mediciones estadísticas, si corresponde; 6) la información que ofrece en apoyo de su hipótesis; y, siempre, 7) de los supuestos que operan en el desarrollo argumentativo de los enunciados.

Si se trata de una tesis experimental tendrá que ser lo suficientemente cuidadoso para que otros puedan repetir el experimento; si se trata de un estudio teórico, deberá ser preciso con las referencias que respaldan su análisis y más exigente aún con la consistencia lógica de las argumentaciones, ya que no hay otro modo de ponderar los resultados.

Los capítulos o secciones dedicados a *resultados* y *discusión* en los trabajos en ciencias experimentales son comparables en cuanto a contenidos expositivos a las que realiza el tesista en las disciplinas humanísticas, aunque normalmente en estas últimas la reflexión o discusión sobre los resultados obtenidos y la comparación con otros trabajos en la misma línea se objetivan a lo largo de todo el discurso argumentativo.

Conclusiones

En las conclusiones expresará las contribuciones que ha realizado sobre el tema estudiado retomando los interrogantes, los objetivos y las hipótesis planteadas en la introducción o en los primeros capítulos del cuerpo principal del trabajo. Volverá de manera sintética pero claramente inteligible sobre los resultados obtenidos y, de la manera más objetiva posible, señalará las razones de la confirmación o la refutación de las hipótesis enunciadas. El modo más sencillo de redactar las conclusiones es no olvidarse de responder ordenadamente a las preguntas y objetivos de la investigación. Contestarlos puntualmente siguiendo la misma lógica con que los formuló

---

[6] Esta es mi opinión y esto creo que es lo que seguramente piensa usted. Dejemos pues de lado las ficciones de tesis con sus sombras de falta de eticidad e idoneidad profesional.

pero, sobre todo, sin dar lugar a interpretaciones diversas de los resultados alcanzados o abrir nuevas consideraciones sobre el tema que previamente no haya tratado. Sin embargo, en las mismas conclusiones y como parte de ellas, o si lo prefiere, en forma independiente, puede también dedicar un parágrafo especial a las perspectivas que usted piensa surgen de los resultados de su estudio, sean nuevos problemas, nuevas líneas de investigación o bien limitaciones al alcance de las proposiciones investigadas.

Contenidos de respaldo y orientación al lector

Los contenidos de respaldo son secciones accesorias que tienen el propósito de facilitar la comprensión del lector sobre aspectos particulares de su estudio. Estos contenidos complementarios se pueden incluir en el concepto general de **anexos** o **apéndices**. Por lo general, se reconocen y ordenan alfabéticamente, y se colocan al final de la conclusión y antes de las referencias bibliográficas.

En los anexos se agrega toda información que, por su extensión o importancia, no ha incluido en el cuerpo del documento pero conviene al respaldo documental de su investigación. Entre los anexos se encuentran las **figuras, tablas** y **gráficos estadísticos**; instrumentos de investigación empleados, por ejemplo, **modelo de encuestas**, protocolo de **pruebas psicológicas**; **comentario técnico de las fuentes** y documentos utilizados, frecuente en los estudios clásicos e historia; **documentos históricos**; **especificaciones técnicas** de instalaciones, aparatos o instrumentos utilizados; **glosarios** o catálogo de voces técnicas o específicas; listado de **abreviaturas** y **siglas** utilizadas en el texto; **fotos, dibujos** o **diagramas** especiales.

Bibliografía

Una sección bibliográfica, dedicada a citar las fuentes que le sirvieron de consulta o apoyo, no debe estar ausente en un trabajo de tesis. Tuvo oportunidad de hacer este mismo trabajo cuando elaboró el listado bibliográfico para el plan. Las indicaciones para realizar las citas según el criterio que adopte son las mismas que entonces, solamente que en esta ocasión el listado de referencias debe ser completo y muy preciso. No olvide que en investigación todas las referencias funcionan como coordenadas para que cualquier lector pueda ubicar las fuentes en que apoya sus argumentaciones. En ciencias sociales y humanidades, la bibliografía equivale a la información que suministra un investigador en ciencias experimentales para que otro colega pueda replicar la experiencia. En los capítulos que siguen hablaremos de cuáles son los criterios habituales para citar en cada campo de conocimientos y cómo hacerlas correctamente.

Índices

Un índice es esencialmente un listado, generalmente ordenado alfabéticamente, que facilita la búsqueda de información considerada importante. En este lugar de su trabajo usted puede construir índices diversos en función del tipo de documento que presenta. En un trabajo final profesional o en una tesina de licenciatura puede crear listados breves de algunos términos muy específicos o inusuales que ha empleado, tal vez un glosario, pero no creo que sea necesario mucho más. Por ejemplo, en un trabajo final de grado para una carrera en publicidad o equivalente, cuya extensión oscile entre las cincuenta y cien páginas, no justifica un listado de materias. Tal vez sí, un índice de términos técnicos o un pequeño glosario en el que explique el significado con que ha usado esos conceptos. Lo mismo para algunos cursos de especialización, donde el requerimiento pasa más bien por un trabajo integrador en que el graduado debe demostrar su capacidad de objetivar algunos conocimientos adquiridos. De otro modo sería una muestra de exageración erudita inútil y hasta contraproducente para los fines que persigue. Ocurre lo contrario con tesis extensas que implican grandes desarrollos teóricos, documentos en los cuales son importantes distinciones técnicas inequívocas, comentarios de investigaciones históricas, literarias o filosóficas. En estos últimos casos un exhaustivo índice analítico completa la información de la tabla o índice de contenidos que ha colocado al principio del trabajo.

Como le he expresado anteriormente se trata de índices especiales, de autores (llamados también 'onomásticos'), citados en su tesis; temáticos o analíticos, de conceptos fundamentales, voces técnicas, términos en otros idiomas; gráficos, diagramas, cuadros o tablas estadísticas, fotografías e imágenes; cronologías; en fin, índices que verdaderamente respaldan y perfeccionan los análisis desarrollados en el cuerpo principal del texto. En obras vinculadas al campo de los estudios clásicos o en las tesis filosóficas son muchas veces imprescindibles.

En realidad, estos índices especiales pueden ser de distinta naturaleza, y, además de facilitar la búsqueda de sus futuros lectores, sirven para dar cuenta del contenido de una obra.

La comunicación de los resultados del trabajo

Sabemos ya que un trabajo de tesis es en esencia el producto de una actividad de investigación. En el ámbito científico y académico este saber supone la *comunicación honesta de resultados –no hay ciencia ni saber fecundo sin comunicación–*; en consecuencia, el esfuerzo que ha hecho *debe ser útil para otros*, es decir, contribuir a la construcción colectiva del conocimiento. En este aspecto, la redacción del documento puede cobrar una importancia si no decisiva, al menos relevante. De ella depende en ocasiones el impacto científico que alcance su trabajo, aunque obviamente existen muchas otras causas, a veces aleatorias, para que un logro científico reciba la atención que merece. Cuanto más claro y preciso sea el lenguaje que utilice –y ajustado a las *normativas básicas* del uso de la lengua que emplea–, más lectores podrán acceder a él.

Comunicación e impacto de la investigación

> *Hay ejemplos en la historia de la ciencia de algunos resultados que sólo fueron reconocidos cuando otro investigador pudo comunicar mejor sus hallazgos, a la vez que encontrar el contexto histórico adecuado para hacerlo. Así, el caso de los estudios sobre los microbios que realizó entre 1844 y 1848 Ignacio Semmelweis en el Servicio de Obstetricia del Hospital General de Viena, cuyas investigaciones no fueron expuestas con la claridad necesaria, en relación con el interés que, en cambio, logró despertar Luis Pasteur (1822-1895) tres décadas después. El impacto de la comunicación de Pasteur generó una de las innovaciones más importantes del siglo XIX al facilitar la introducción de métodos asépticos en cirugía. O, más lejos en la historia, la del astrónomo Aristarco de Samos (aprox. 310-230 a.C.), quien dieciocho siglos antes que Nicolás Copérnico (1473-1543) concibió un sistema heliocéntrico. Las tesis de Aristarco no prosperaron en buena parte porque no coincidían con las ideas religiosas y filosóficas de sus contemporáneos, pero fue más decisiva la poca sencillez de sus fórmulas en la falta de impacto de sus investigaciones, porque no ofrecían ventajas científicas respecto del sistema geocéntrico en-*

> *tonces instalado como paradigma. Sin duda, a esta razón clave podrían añadirse otros factores, tales como el desconocimiento de todas sus investigaciones en los centros de producción de conocimiento de la época.*
>
> *Por eso, para alcanzar una adecuada comunicación, no sólo es necesario compartir un código; es menester también tener presente en todo momento la claridad del mensaje, la sencillez de su formulación, si cabe, y a qué interlocutores posibles va dirigido su trabajo.*

Orientación general para la redacción

Es cierto que todas las disciplinas tienen un vocabulario técnico que le es propio. Es habitual que este vocabulario específico opere como supuesto de lo que se dice. Pero también es verdad que todos los especialistas en un área de conocimientos no son necesariamente expertos en el tema del cual usted se ocupa. Por eso, cuando revise los borradores de su trabajo para preparar la redacción final, piense en quiénes son sus interlocutores, a qué público quisiera llegar, además de los evaluadores de su documento. Observe, sobre todo, si las proposiciones fundamentales de su tesis le resultan suficientemente claras. Un eficaz procedimiento para esto es leer con atención, lentamente, el texto. Cada uno sabe o está en condiciones de advertir cuántas vaguedades y ambigüedades puede presentar su propio discurso. Repare en la forma más ordenada y sencilla en que las fórmulas, enunciados o ejemplos pueden ser leídos.

El mejor consejo que le puedo dar para redactar su tesis es que se ajuste a las normas gramaticales de la lengua en la que escribe. Para ello tenga a mano diccionarios y gramáticas de la lengua reconocidos. Respete las reglas generales en la apertura de párrafos, el uso de puntuación, la correspondencia de los tiempos verbales, empleo de mayúsculas y abreviaturas. Si no tiene entrenamiento en la escritura utilice periodos cortos para expresar sus ideas, de ese modo evitará que en un mismo párrafo pierda o cambie de sujeto. Procure aplicar un solo criterio para el formato de presentación de títulos, subtítulos, capítulos, datos numéricos, etcétera.

El uso de la persona gramatical en la redacción

Una pregunta habitual que surge de las sesiones de los seminarios de metodología y talleres de tesis es: ¿cuál es la persona gramatical que "hay" que emplear en la redacción de la tesis? En realidad, no "hay" una preceptiva definitiva y unánime sobre esto, excepto aquella que venga impuesta por la institución donde presenta su trabajo porque tiene normas específicas al respecto. Sin embargo, no conviene personalizar el discurso científico, aunque las ocasiones para esta personalización del discurso son más frecuentes en las ciencias sociales y las humanidades que en el resto de las disciplinas científicas. El lenguaje de las ciencias tiende a ser naturalmente objetivo, informativo e indicativo; el modo de comunicar los resultados también, ya que por lo común no se discute sobre posiciones fundadas en valores de vida. *Se* informa de una experiencia, *se* suministran los datos de un problema, *se* extraen conclusiones de un resultado. De ahí que la recomendación general ante esta pregunta es la de *evitar el uso de la primera persona del singular*. Sí, en cambio, es aceptado el uso de la primera persona del plural y, obviamente, no caben dudas sobre la conveniencia respecto de las otras formas del uso impersonal del lenguaje, que siempre se adecua al tipo de trabajos científicos o académicos.

Recuerde:

√ *No se olvide de revisar el borrador de introducción que redactó cuando comenzó la elaboración del documento final. Redacte también el resumen de su tesis y repase la redacción final del índice. Controle los detalles formales de presentación.*

√ *La introducción no es un prólogo, contiene el comentario de todo lo que se propone probar o describir en su trabajo, como también la referencia a la metodología y las fuentes. Relaciónela con la etapa de "fundamentación del tema" perteneciente al plan.*

√ *En el cuerpo de la tesis se aportarán pruebas (empíricas y/o argumentativas) para validar las hipótesis. La condición necesaria es el rigor en el control de los procedimientos y el desarrollo lógico conceptual del discurso.*

√ *En las conclusiones usted responderá las preguntas y objetivos de la investigación fundando la confirmación o refutación de las hipótesis en rigurosas razones objetivas.*

√ *El primer destinatario de su esfuerzo es la comunidad académica a la que pertenece disciplinariamente, pero debe comunicar de tal manera que pueda servir también a lectores que no pertenezcan a ella, interesados en la problemática que usted trata.*

√ *La honestidad intelectual y personal de un profesional es siempre estar atento a hacer explícitos los supuestos de su argumentación o de la interpretación que hace de las mediciones.*

Capítulo 10

Referencias documentales

En este capítulo y los dos siguientes conversaremos puntualmente sobre el respaldo documental de su trabajo. *De acuerdo a la naturaleza de su investigación, usted podrá elegir entre distintos modelos o estilos de referencias para citar un texto o indicar su procedencia.* No existe *el* sistema, de cuya uniformidad y validez pueda decirse que tiene *consenso absoluto.* Tampoco las normas empleadas en bibliotecología se adecuan total y exactamente a los fines de las diversas disciplinas, pues están pensadas para ser usadas por bibliotecarios en el proceso técnico de catalogación y clasificación del material. Sin embargo, esta situación no es tan grave para usted como la estoy describiendo. Simplemente, me interesa que sepa que hay un ordenamiento normativo básico aceptado para redactar las referencias bibliográficas, describir y organizar la información que los autores e investigadores deben suministrar. Pero no es obligatorio que este ordenamiento se haga tal y como lo dice determinado manual de estilo.

Elección del tipo de citas

Entre los manuales de normas más difundidos en la actualidad están el de la *American Psychological Association* (APA), el *Manual for Writers* de la Universidad de Chicago y el de la International Standard Organization (ISO 690). También pueden mencionarse las normas equivalentes a las ISO sobre documentación y referencias bibliográficas, publicadas por el Instituto Argentino de Normalización y Certificación (IRAM). Sin embargo, el sistema y los criterios normativos que, por ejemplo, propone APA son aplicables fácilmente en algunas ciencias sociales (psicología, sociología), aunque no siempre satisfacen las necesidades técnicas de referenciar de las humanidades o la filosofía. En las primeras se facilita la lectura del texto, porque habitualmente los trabajos en esos campos no van acompañados como en las otras de exhaustivas notas eruditas, filológicas o de explicación por la fijación textual realizada en el cuerpo del escrito. El clásico modo de referenciar, llamado por algunos autores "latino" o, como creo que es más correcto, "continental" (europeo), sigue teniendo vigencia. La diferencia de base con la versión anglosajona se funda en que en un caso la referencia va dentro del texto y en el otro como cita al pie.

Empero, como en muchos órdenes de la vida no se trata de una regla absoluta. Para estos menesteres tiene que ser práctico. *Deberá elegir el que se adapta mejor a las necesidades del tema de tesis y emplearlo sin modificar el criterio de elección de referencias en todo el documento.*

En definitiva, toda cita o referencia bibliográfica es la información detallada y precisa con que usted facilita al lector o al tribunal examinador la remisión a las fuentes que está consultando durante la elaboración de su trabajo. Su objetivo en la elección es garantizar esto.

A los efectos de una mejor comprensión del sistema de referencias o fuentes conviene que distinga: 1) las citas o notas referenciales que utiliza en el mismo texto de la tesis; y 2) la lista de referencias de los documentos empleados y citados durante el desarrollo temático de su trabajo. A este último listado se lo denomina usualmente "Bibliografía" y, como ya vimos, va al final.

Fuentes primarias y secundarias

Las fuentes de documentación de una tesis o trabajo de investigación son básicamente los documentos, declaraciones de personas u observaciones en los que se apoya para desarrollar su estudio. Para sus fines en este momento, puede diferenciarse el carácter de estas fuentes en *primarias* (o directas) y *secundarias* (o indirectas), aunque esta clasificación no es la única ni la más exhaustiva en el ámbito de las ciencias documentales.

Se consideran *fuentes primarias*:

1) Los originales de documentos, libros y otro tipo de publicaciones, impresas o no, de autores específicamente tratados como tema de tesis en la lengua en la que han sido gestados; en su defecto, ediciones críticas o anotadas de ellos.

2) Las entrevistas, encuestas y observaciones de campo o laboratorio realizadas por el investigador.

Las *fuentes secundarias*, en cambio, son:

1) Materiales documentales diversos que tratan sobre el tema de su trabajo, por ejemplo, comentarios, libros, artículos de otros autores.

2) Información no calificada (periodística) de encuestas y estadísticas, copias de documentos sin pruebas de fiabilidad y autenticidad, traducciones, páginas Web de personas o sitios no identificables que no acrediten pertenencia científica o académica.

3) Experimentos no ajustados a protocolos reconocidos o carentes de información detallada de los procedimientos.

Ciertamente, usted podrá recurrir a cualquier fuente secundaria, si le resulta imposible acceder a las fuentes directas, siempre y cuando deje consignado debidamente en la introducción de su tesis, en el capítulo dedicado a los aspectos metodológicos o en una nota si se trata de situaciones aisladas.

Concepto respecto del uso de citas y notas

Con el objeto de que usted pueda hacer una elección libre de sujeciones a estilos que, posiblemente, no le sirvan en la práctica más que para conocer con ellos aquellos elementos fundamentales que no puede dejar de considerar cuando hace una cita y refiere un texto consultado, clasificaré ahora la modalidad de uso de citas que podrá ver en detalle en los dos próximos capítulos. El criterio para definir esa clasificación es conservar las líneas básicas de los elementos que deben contener las referencias documentales. Sobre el número y el tipo de elementos esenciales no hay diferencias en todas las normativas, y son conocidos y utilizados, por lo menos, desde mediados del siglo XX. Este lineamiento básico ha sufrido ligeras modificaciones, algunas de las cuales me parecen aleatorias y no determinan la calidad del empleo referencial de las fuentes. Así, por ejemplo, la disposición de los datos y el uso de los signos de puntuación. También ha sufrido cambios, entre otros, el uso de subrayado y doble subrayado; la razón del cambio se justifica por la aplicación de procesadores electrónicos que permiten cambiar las fuentes y hacer personalmente lo que no hace mucho tiempo hacían los linotipistas en la imprenta con esas indicaciones. Lo que subsiste, desde entonces, es la exigencia de anotar los elementos esenciales de las citas –que no pueden faltar– para que sean efectivas coordenadas de búsqueda o contrastación.

Los datos y toda información tomada textualmente de otro trabajo o documento la reproducirá tal cual como la encuentre en la fuente que consulta. Si tuviera errores ortográficos, gramaticales o de cualquier otra índole coloque la expresión [*sic*] para advertir al lector que de ese modo figura en el texto citado.

Las **citas textuales** breves, que no excedan las tres o cuatro líneas, las incluirá con encomillado doble como parte de la redacción del párrafo. En cambio, si el texto que cita es mayor que esa cantidad de líneas, transcríbala abajo, en párrafo separado con sangría en ambos márgenes. No corresponde legal y éticamente tomar el texto de un autor si la extensión supera las 500 palabras. Si tiene aún dudas, vea algunos de los textos que he citado en este libro. Es posible también que, en lugar de citar textualmente, decida comentar, resumir o parafrasear lo que dice la fuente que consulta. En este caso también debe acompañar la referencia de la información con los datos suficientes para identificarla correctamente.

Las **notas** fuera del cuerpo del trabajo, relacionadas con acreditaciones del uso de materiales, explicativas de contenidos ampliatorios o de otra información que considere importante destacar, van al pie, al final del capítulo o trabajo, según el formato que haya adoptado.

Modo general de citado

1. Modo de citado dentro del cuerpo del trabajo (estilo APA).

2. Modo de citado al pie, al final del capítulo o en sección especial al final del documento, indicando en el cuerpo del texto solamente el llamado con número o símbolo de referencia (estilo clásico o continental).

3. Modo de citado en ciencias experimentales, en sus distintas versiones.

Con esta sucinta información espero que usted pueda elegir responsablemente el modo de citar y referenciar las fuentes que utiliza. Es mi obligación docente que los pasos que dé hacia el logro de su propósito no sean solamente la vivencia de un *hacer* sino, concretamente, la de un *saber-hacer*. El pensar sobre lo que hace es la actitud que se debe permitir para adquirir verdadera experiencia de este esfuerzo que ha emprendido.

Recuerde:

√ *Elija el sistema de referencias que mejor se adecue a su tema de tesis, tesina o trabajo final.*

√ *Mantenga el criterio seleccionado en todo el documento. No mezcle sistemas normativos.*

√ *Prefiera siempre trabajar con fuentes primarias. Cuando no pueda acceder a ellas, infórmelo debidamente.*

CAPÍTULO 11

Citas y Referencias en Ciencias Sociales, Humanidades y Filosofía

En este campo de investigación usted puede emplear el modo de citar siguiendo el criterio básico de los modelos referencial anglosajón (APA) o clásico (continental europeo). En este capítulo encontrará las indicaciones para utilizarlos y una variedad de ejemplos de ambos en fuentes impresas, electrónicas y audiovisuales. Para facilitar la lectura del texto designaré al primero de los modelos con la letra "A" en negrita y al otro con la letra "B". Los ejemplos presentados tienen la misma tipografía con que usted deberá escribir las referencias, sea en el cuerpo del trabajo o en la sección bibliografía. Algunos signos que encuentre aquí pueden variar respecto de otras normativas, por ejemplo, el uso de punto, punto y coma o coma en la separación de nombres u otros datos, los dos puntos para anunciar la editorial, etc. No es significativo el uso de un signo determinado. También depende de sus preferencias indicar los apellidos con letra mayúscula, versalita, etcétera. ***Recuerde que lo importante es seguir un criterio uniforme y permitir al lector identificar claramente la información.***

Sistema A
Citas referenciales en el cuerpo del trabajo

...[Brown, 2001: 162]..., donde 'Brown' es el apellido del autor; '2001' el año de edición del texto utilizado; y '162' es el número de página que se cita o se comenta. Si son más páginas se debe

poner '162-163'. La obra citada de este modo se puede repetir de
la misma forma las veces que sea necesario a lo largo de su trabajo.

Si considera dos textos distintos del mismo autor editados el mismo
año, debe diferenciarlos, añadiendo al año una letra minúscula comenzando por la 'a' para el primero de los textos citados del mismo autor. Ejemplo:

...[Brown, 2001a: 162]...,

...[Brown, 2001b: 180]..., y en el listado bibliográfico (al final)
retendrá la indicación en la referencia completa de la obra citada,
excluyendo el número de la/s página/s considerada/s.

Sistema B
Citas referenciales en nota fuera del cuerpo del trabajo

Para señalar la referencia puede utilizar el formato de número, letra o
símbolo, generalmente asterisco (*) en el texto, y abajo, al final del capítulo o del documento identificar completamente la fuente que emplea, inclusive página, en el caso de materiales impresos, o fecha de captura, por
ejemplo, en registros de Internet.

Diferencia básica de criterios referenciales entre el sistema A y B

Las referencias completas en el sistema **A** van siempre en la sección
bibliografía y todos sus elementos se indican en forma completa de la misma manera que en el sistema **B**. La diferencia fundamental es que en el **A**, el
año de edición se coloca después de la identificación de autores y antes del
título del trabajo citado, en cambio, en el **B** debe ubicarse al final de la cita
referencial, a continuación de la editorial.

Sistema **A** (en la sección bibliografía o referencias):
Aranguren, J. L. 1998. *Ética*. Barcelona. Altaya.

Sistema **B**:
Aranguren, J. L. *Ética.* Barcelona. Altaya. 1998.

En todos los casos no deben figurar las páginas citadas, salvo que se
quiera agregar información sobre el *número total* de páginas que tiene el
documento. También, los materiales del sistema **B** se citan al pie del texto

con indicación de página. Si luego vuelve a citar el mismo trabajo se pueden utilizar algunas abreviaturas específicas para eso (vea Apéndice B) o simplemente enunciar en nota al pie el autor, parte del título seguido de puntos suspensivos (que son siempre tres) y la página citada, precedida por una coma.

Cómo buscar los datos en fuentes impresas

La información para anotar la referencia no debe buscarla en la tapa o cubierta del documento. En la actualidad es común, sobre todo en los libros, que por razones de diseño no contengan esta información completa allí. Revise el ejemplar comenzando por la "portada" (que encontrará siempre en página impar, donde podrá identificar el nombre del autor, el título de la obra y el pie editorial). Si no halla en la portada toda la información, vaya al "reverso de la portada", que es la página de propiedad intelectual o *copy*, donde deberían figurar todos los datos que usted necesita, inclusive el número de ediciones, traductor, revisores, etcétera. Si no encuentra en esta página el lugar y fecha de impresión, tiene aún la opción de ir al "colofón", al final del libro, donde habitualmente se hace referencia a estos datos. Finalmente, en el caso de que todos estos intentos fallen siga las instrucciones que le doy en *Aclaraciones* del punto a).

Libros y capítulos de libros

a)   *Si hay un solo autor*

*Apellido del autor, Nombre. Año. *Título del libro*. («Traducción o introducción o comentarios de...», según corresponda). Número de Edición, excepto la primera. *Ciudad. *Editorial. ("Colección").

> Ejemplo 1: Mallea, Eduardo. 1937. *Historia de una pasión argentina.* Buenos Aires. Sur.

> Ejemplo 2: Morin, Edgar. 2000. *Sociología.* Traducción de Jaime Tortilla. Reimpresión. Madrid. Tecnos. Colección Filosofía y Ensayo.

Aclaraciones:

- Observe que el año va después del nombre del autor/es, sean personas, instituciones o documentos legales, para ubicar la referencia completa con mayor facilidad en la sección bibliografía, porque usted ha adoptado el sistema **A**. No olvide que este dato se consigna solamente en la bibliografía, no corresponde que vaya en el texto. El mismo procedimiento deberá seguir con el resto de las referencias.

· Si no tiene fecha de edición, poner: s. f. (sin fecha).

· Debe nombrar el lugar de edición, no el país. Si no declara lugar de edición, debe poner: s.l. (sin lugar). Por las dudas, revise antes en el pie de imprenta del libro el lugar de edición, que suele estar en la última página. Así, no decir Argentina o España. Diga el lugar de edición, por ejemplo, Buenos Aires, Barcelona.

· No es necesario que mencione, por ejemplo, "Editorial Paidós", es suficiente con "Paidós", especialmente con editoriales reconocidas.

· *Lo que está precedido por asterisco es necesario que figure.*

b) Hasta 3 autores

Todos los autores se mencionan. Se hace según el orden en que aparecen en la publicación, separados por coma o punto y coma.

> Ejemplo: Gibson, James L.; Ivancevich, John M.; Donnelly (Jr.), James H. 2001. *Las Organizaciones. Comportamiento. Estructura. Procesos.* Décima edición. Santiago de Chile. McGraw-Hill Interamericana.

c) Más de 3 autores

Se menciona el primero seguido de la expresión: *et al.* (*et alii*, "y otros").

> Ejemplo: Gleich, Michael *et al.* 2003. *Las cuentas de la vida. Un balance global de la naturaleza.* Barcelona. Galaxia Gutenberg - Círculo de Lectores.

d) Obras anónimas

Se inicia con la palabra "Anónimo" en mayúscula, como si fuera el autor y se continúa del mismo modo y con las mismas fuentes que en cita de autor.

Ejemplo: Anónimo. 2000. *El Cantar del Mío Cid.* Madrid, Rueda.
            Clásicos de la literatura española.

e) Si el autor de la parte o capítulo que se cita es otro diferente al autor, compilador, editor o coordinador del libro

Apellido del autor de la parte o capítulo citado, Nombre. Año. "Título de la parte o capítulo citado". En: Apellido del autor, compilador, editor o coordinador del libro, Nombre. *Título del libro.* (traductor, revisor, etcétera). Ciudad. Editorial. Colección; páginas en las que se encuentra el capítulo.

Ejemplo: Zervino, María Lía. 2004. "Ulrich Beck: La sociedad
            de riesgo global". En: Fernández, Marta (Comp.).
            *Nombres del pensamiento social. Miradas contemporáneas
            sobre el mundo que viene.* Buenos Aires. Signos. Colección
            Pólemos; pp. 231-248.

Aclaraciones: Observe que el título del capítulo está entre comillas. Puede ir también sin comillas, sólo en este caso, no en artículos de revistas.

f) Obras colectivas o compilaciones

Ejemplo: Blanchette, Oliva; Tomonobu, Imamich; McLean,
            George F. (Edits.). 2001. *Philosophical Challenges and
            Opportunities of Globalization.* 2 vol. Washington, D.C.
            The Council for Research in Values and Philosophy.

Revistas, boletines, fascículos

a) Si se cita sólo una revista

**Título de la revista.* Ciudad o país. Editorial. *Año de publicación. *Periodicidad de la revista. ISSN número.

Ejemplo 1: *Philosophy, Culture, & Traditions.* Canadá. World Union
           of Catholic Philosophical Societies. Volume 1, 2002.
           Anual. ISSN 1609-2392.

b) Si se cita un artículo de revista

*Apellido del autor del artículo citado, Nombre. *"Título del artículo". *Nombre de la revista. Ciudad (si corresponde). *Número de volumen, *número de fascículo, *día, mes, año; páginas donde se encuentra el artículo citado.

> Ejemplo 1: Bennet, Jeffrey *et al*. "Cómo alinear la estrategia con la organización". *Gestión*. Buenos Aires, volumen 6, número 2, marzo-abril de 2001; pp.55-65.

> Ejemplo 2: Gregory Gause III, F. "Can Democracy Stop Terrorism". *Foreign Affairs*. Num 5, vol. 84. September / october 2005; pp. 62- 76.

Observe que en estos casos el año no sigue al nombre y apellido de los autores del artículo. En citas de revistas conviene alterar la disposición por un problema de estilo en la lectura de la periodicidad del volumen.

Diarios

a) Artículo firmado

*Apellido, Nombre. *"Título del artículo". *Diario. Lugar. *Fecha de publicación y página.

> Ejemplo: Fraga, Rosendo. "Lo que dejó a América Latina el año 2004. *La Nación*. Buenos Aires, 7/1/2005; p. 21.

b) Noticia sin autor

"Título". *Nombre del Diario*. Lugar y fecha de publicación; página.

> Ejemplo 1: "Es un error mirar a la Argentina como fuente de Inspiración". *Ámbito Financiero*. Buenos Aires, 18/2/2005.

> Ejemplo 2: "Esquel marcha nuevamente contra la mina de oro". *Página/12 Web*. Buenos Aires. 4/1/06.

c) Suplemento

Nombre del Diario. Nombre del suplemento. Lugar y fecha de publicación.

Ejemplo: *Clarín. Económico.* Buenos Aires. 13/2/2005.

Entrevistas

Apellido del autor entrevistado, Nombre. *Título.* Entrevista concedida a (nombre del entrevistador). Ciudad. Fecha.

Ejemplo 1: Rodríguez Fernández, Andrés. *Sobre la calidad del sistema educativo europeo.* Entrevista concedida a Victoria Zarco. Granada, 20/6/04.

Ejemplo 2: Bobbio, Norberto. Entrevista realizada por el periódico *Die Zeit,* reproducida por el diario "El País", Madrid, 9/1/2000.

Otros documentos

País y organismo Emisor. "Título del documento" [o en *itálica*], lugar y fecha de edición.

Ejemplo 1: Ministerio de Cultura y Educación. Secretaría de Políticas Universitarias. "La Educación Superior en la Argentina. Transformaciones, debates, desafíos". Buenos Aires. 1999.

En este ejemplo no es necesario iniciar la referencia con el nombre del país porque se identifica claramente la procedencia.

Otro modo de citar un documento:

Ejemplo 2: *Actas de las Cortes de Castilla.* Publicadas por el Congreso de los Diputados. Madrid. 1867.

Ejemplo 3: *Códice Matritense de la Real Academia de la Historia.* (Textos en náhuatl de los indígenas informantes de Fray B. de Sahagún). Edic. fasc. de Paso y Troncoso, vol. VIII. Madrid. Fototipia de Hauser y Ment, 1907.

Fuentes de carácter legal

País y organismo emisor. Título o instrumento legal. Datos de identificación del instrumento, p.ej. resolución, acta, decreto. Fecha. Otros datos de la publicación.

Ejemplo 1: Argentina. Ministerio de Trabajo, Empleo y Seguridad Social. Administración Nacional de la Seguridad Social. "Asignaciones Familiares". *Res.* 730/2005 sobre incorporación de empleadores al Sistema Único de Asignaciones Familiares. *Boletín Oficial*, n° 30812 del 29/12/05, 1° sec., p. 7.

Ejemplo 2: Argentina. *Código de Comercio. Comentado y anotado.* (Dir.: Adolfo A. N. Rouillon. Coord.: D. F. Alonso). 5 tomos. Buenos Aires. La Ley. 2005 [ISBN: 987-03-0763-9].

Ejemplo 3: Argentina. Provincia de Catamarca. "Adolescentes embarazadas sin cobertura. Atención médica gratuita". Ley 4.713. Sancionada 1/10/1992; promulgada 28/10/1992. Publicada en *Boletín Oficial de Catamarca* del 6/11/1992.

Aclaración: Siempre que pueda localizar la referencia puede evitar nombrar el país. La localización está determinada por el contexto del trabajo.

Materiales especiales

a) Páginas Web

Apellido del autor del artículo, Nombre. "Título del artículo". *Nombre de la revista o publicación electrónica*. Ciudad (si hubiera), día, mes, año. Disponible en: (datos de la página Web). Fecha de la captura del documento.

Ejemplo 1: Comisión Europea. Biotecnología. "Las ciencias de la vida y la biotecnología. Una visión estratégica". Disponible en http://europa.eu.int/comm/

biotechnology/introduction_es.html. Página en castellano. Fecha de captura: 18/2/05.

Ejemplo 2: Lima, Marcus Eugênio Oliveira and Vala, Jorge. "As novas formas de expressâo do preconceito e do racismo." *Estud. psicol. (Natal)*. Dez. 2004, vol.9, n° 3, pp. 401-411. ISSN 1413-294 X. Referido en SciELO (Scientific Electronic Library Online): http//www.scielo.org/index.php?lang=es.

Aclaración: Conviene que las páginas Web que se citen sean de carácter académico, gubernamental o institucional.

En lo que sigue observe que los componentes de la referencia en los materiales audiovisuales son, en general, los mismos que debe registrar cuando cita un libro. En lugar del autor se indica el del realizador, si figura, y si es destacado o puede identificar mejor el documento los créditos de quienes participaron. Se agrega entre paréntesis o corchetes el tipo de material.

b) Grabaciones de audio

Ejemplo: Vivaldi, Antonio. *Los conciertos para mandolina*. Grabado por I Solisti Veneti. Dir.: Claudio Scimone. Casete grabado por Erato en Francia y editado en la Argentina por RCA. [s/f/e].

c) Grabaciones en DVD

Ejemplo: Patino, Basilio Martín (Dir.). *Octavia*. Salamanca. Producido por La Linterna Mágica. 2002. [Film en soporte de DVD]. Incluye: "Materiales de Archivo para una Historia de Salamanca". Intérpretes: Miguel Ángel Solá, Margarita Lozano, Antonio San Juan, Menh Wai Trinh, Blanca Oteiza, Mónica Cervera y Paul Naschy.

d) Grabaciones en vídeo

Ejemplo: *Genética y ADN*. Grandes temas de la ciencia de hoy. Multimedia Group of Canada. 1993. [s/l/e]. Ediciones Altaya. 1998.

e) Grabaciones en CD ROM

Ejemplo: Universidad Pontificia de Salamanca. *Primer Simposio Internacional sobre Pensamiento Iberoamericano*. Salamanca, 16-19 octubre 2002. Facultad de Filosofía. Instituto de Pensamiento Iberoamericano.

f) Mapas

Ejemplo: República Argentina. Parte Continental Americana. Mapa político y orohidrográfico. Escala 1:5.000.000. Incluye Mapa político y Antártida Argentina e islas del Atlántico Sur. Escala 1: 30.000.000. Instituto Geográfico Militar. (Proyección conforme de Gauss). 90 cm x 60 cm.

Capítulo **12**

Citas y Referencias en Ciencias Experimentales

En estas disciplinas las *citas* se escriben dentro del texto. Las *referencias* son el desglose completo de la cita y van colocadas al final de todo el trabajo científico, bajo el título "Referencias". Para facilitar la búsqueda de la información el capítulo contempla primero el tratamiento de las citas, y en segundo lugar, las referencias. Encontrará también un tercer ítem dedicado a ejemplificar algunas de las indicaciones relevantes que contienen las instrucciones de autores de las revistas científicas.

1. Citas
Sistemas para citar trabajos científicos, libros y otros materiales de apoyo, dentro de un texto

La *bibliografía* en las ciencias experimentales puede ser citada de diferentes formas. Aun cuando existe una gran variedad de estilos, la mayor parte de las revistas científicas utilizan comúnmente los siguientes sistemas para citar el material bibliográfico, que va detallado en la sección de referencias al final de todo artículo científico, tesis, tesina, monografía, libro. Usted puede adoptar cualquiera de los tres sistemas siguientes. Todos son vigentes y su reconocimiento depende de la institución en que presenta su trabajo.

- Sistema numérico

- Sistema de nombre y año

- Sistema numérico alfabético

El texto que va a ver a continuación es parte de un trabajo científico ya publicado en una revista científica. A partir de él podrá apreciar las diferencias referenciales que observan los tres sistemas mencionados. Para una mejor visualización, a cada sistema numérico empleado en la cita aplicaré la distinción: a) *en el texto*, y b) *en Referencias*.

"An inverse association between beta carotene intake and risk of neoplasm has been described largely in observational studies, thus leading researchers to design many intervention studies with this antioxidant (1-4)."

Sistema Numérico

En el texto

"Se ha descrito ampliamente en estudios observacionales que existe una asociación inversa entre la ingesta de beta caroteno y el riesgo de neoplasma, lo que llevó a los investigadores a diseñar muchos estudios utilizando este antioxidante (1-4)."

La indicación numérica (1-4) significa que existen cuatro referencias que apoyan la afirmación. ¿Cuáles son?

En referencias

En el capítulo o sección *Referencias* al final del trabajo de investigación o tesis las citas 1-4 se detallan como sigue:

1) HERCBERG S., GALAN P., BERTRAIS S., MENNEN L., MALVY D. (2004) The SU.VI.MAX Study: a randomized, placebo-controlled trial of the health effects of antioxidant vitamins and minerals. *Arch. Int. Med. 164*: 2335-2342.
2) CORREA P., FONTHAM E.T., BRAVO J. C., BRAVO L. E. (2000) Chemoprevention of gastric dysplasia; randomised trial of antioxidant supplements and anti-helicobacter pylory therapy. *J. Natl. Cancer Inst. 92*: 1881-1888.

3)BLOT W. J., LI J. Y., TAYLOR P. R., GUO W., DAYSEY S., WANG G. Q. (1993). Nutrition intervention trials in Linxian, China: supplementation with specific vitamin / mineral combination, cancer incidence and disease specific mortality in the general population. *J. Natl. Cancer Inst. 85*: 1483-1492.

4) ARAB L., STECK-SCOTT S., BROWN N. P. (2001) Participation of lycopene and beta-carotene in carcinogenesis: defenders, aggressors, or passive bystanders? *Epidemiol. Rev. 23*: 211-230.

Sistema de nombre y año

En el texto

"Se ha descrito ampliamente en estudios observacionales que existe una asociación inversa entre la ingesta de beta caroteno y el riesgo de neoplasma lo que llevó a los investigadores a diseñar muchos estudios utilizando este antioxidante (BLOT *et al.*, 1993; CORREA *et al.*, 2000; ARAB *et al.*, 2001; HERCBER *et al.*, 2004)."

Como puede observar, en este sistema, los autores se citan en orden cronológico. El último citado es el que se encuentra publicado recientemente. Los años en este caso son: 1993, 2000, 2001 y 2004.

En referencias

En este caso, las referencias de las citas, al final del trabajo, van en orden alfabético de autor, para hacer más fácil la búsqueda:

ARAB L., STECK-SCOTT S., BROWN N. P. (2001) Participation of lycopene and beta-carotene in carcinogenesis: defenders, aggressors, or passive bystanders? *Epidemiol. Rev. 23*: 211-230.

BLOT W. J., LI J. Y., TAYLOR P. R., GUO W., DAYSEY S., WANG G. Q. (1993). Nutrition intervention trials in Linxian, China: supplementation with specific vitamin /mineral combination, cancer incidence and disease specific mortality in the general population. *J. Natl. Cancer Inst. 85*: 1483-1492.

CORREA P., FONTHAM E.T., BRAVO J. C., BRAVO L. E. (2000) Chemoprevention of gastric dysplasia; randomised trial of

antioxidant supplements and anti-helicobacter pylory therapy. *J. Natl. Cancer Inst. 92*: 1881-1888.
HERCBERG S., GALAN P., BERTRAIS S., MENNEN L., MALVY D. (2004) The SU.VI.MAX Study: a randomized, placebo-controlled trial of the health effects of antioxidant vitamins and minerals. *Arch. Int. Med. 164*: 2335-2342.

Sistema numérico alfabético

Las referencias alfabetizadas como en el caso anterior, son numeradas, y así citadas en el texto. Vea el siguiente ejemplo:

En el texto:

"Se ha descrito ampliamente en estudios observacionales que existe una asociación inversa entre la ingesta de beta caroteno y el riesgo de neoplasma lo que llevó a los investigadores a diseñar muchos estudios utilizando este antioxidante (1-4)."

O, también:

"Se ha descrito ampliamente en estudios observacionales que existe una asociación inversa entre la ingesta de beta caroteno y el riesgo de neoplasma lo que llevó a los investigadores a diseñar muchos estudios utilizando este antioxidante [1-4]."

En referencias

1. ARAB L., STECK-SCOTT S., BROWN N. P. (2001) Participation of lycopene and beta-carotene in carcinogenesis: defenders, aggressors, or passive bystanders? *Epidemiol. Rev. 23*: 211-230.
2. BLOT W. J., LI J. Y., TAYLOR P. R., GUO W., DAYSEY S., WANG G. Q. (1993). Nutrition intervention trials in Linxian, China: supplementation with specific vitamin /mineral combination, cancer incidence and disease specific mortality in the general population. *J. Natl. Cancer Inst. 85*: 1483-1492.
3. CORREA P., FONTHAM E.T., BRAVO J. C., BRAVO L. E. (2000) Chemoprevention of gastric dysplasia; randomised trial of

antioxidant supplements and anti-helicobacter pylory therapy. *J. Natl. Cancer Inst. 92*: 1881-1888.

4. HERCBERG S., GALAN P., BERTRAIS S., MENNEN L., MALVY D. (2004) The SU.VI.MAX Study: a randomized, placebo-controlled trial of the health effects of antioxidant vitamins and minerals. *Arch. Int. Med. 164*: 2335-2342.

Este sistema es considerado una versión moderna del segundo sistema de nombre año.

Aclaraciones: Es importante que tenga en cuenta que aquí me estoy refiriendo a cómo citar la bibliografía dentro de un texto. Existe un sistema común para todos ellos. Sin embargo, la manera de escribir la bibliografía en el capítulo final de *Referencias*, varía según sea trabajo publicado, libro, capítulo de libros, etcétera. Esto es lo que el parágrafo siguiente describirá en detalle.

2. Referencias
Cómo escribir las referencias correspondientes a las citas dentro del texto

Los editores de revistas, libros, tesis o monografías científicas establecen sus propias instrucciones acerca de cómo escribir las referencias en sus publicaciones. A continuación se detallan algunos ejemplos generales sobre cómo hacerlas, utilizando el sistema nombre-fecha para las referencias y el sistema internacional de la lista para las abreviaturas de revistas científicas.

Para artículos de revistas científicas

Dinkova-Kostova A., Massiah M. A., Bozak R. E., Hicks R. J., & Talalay P. (2001) Potency of Michael reaction acceptors as inducers of enzymes that protect against carcinogenesis depends on their reactivity with sulfhydryl groups. *Proc. Natl. Acad. Sci. 98* (6): 3404-3409.

Variaciones para la misma referencia dependiendo de la revista

· Para la *Journal of Food Biochemistry*

DINKOVA-KOSTOVA A., MASSIAH M. A., BOZAK R. E. HICKS R. J., & TALALAY P. 2001. Potency of Michael reaction acceptors as inducers of enzymes that protect against carcinogenesis depends on their reactivity with sulfhydryl groups. Proc. Natl. Acad. Sci. *98* (6), 3404-3409.

- Para la *Journal of the American College of Nutrition*

Dinkova-Kostova A, Massiah MA, Bozak RE, Hicks R. J., Talalay P. Potency of Michael reaction acceptors as inducers of enzymes that protect against carcinogenesis depends on their reactivity with sulfhydryl groups. *Proc. Natl. Acad. Sci. 98* (6): 3404-3409, 2001.

- Para la *Journal of the National Cancer Institute*

Dinkova_Kostova A, Massiah MA, Bozak RE, Hicks R. J., Talalay P. Potency of Michael reaction acceptors as inducers of enzymes that protect against carcinogenesis depends on their reactivity with sulfhydryl groups. Proc. Natl. Acad. Sci. 2001; *98* (6): 3404-3409.

Existen muchas variaciones en la modalidad de referenciar, por ejemplo, en la separación de los nombres, si se coloca el año entre paréntesis o no, entre los autores y el título, o al final de la referencia, etc. Inclusive muchas revistas para economizar espacio, escriben las referencias sin el título:

Dinkova-Kostova A., Massiah M. A., Bozak R. E., Hicks R. J., & Talalay P. (2001) *Proc. Natl. Acad. Sci. 98* (6): 3404-3409.

En realidad, dentro del mismo formato general existen muchísimas variaciones. Por ejemplo, los volúmenes, que en este caso es el 98, puede ir en negrita, lo mismo la revista, que en este caso es: Proc. Natl. Acad. Sci. (Proceedings of the National Academy of Sciences). Pero no se coloca la palabra Volumen, o Vol, pues ya está implícito en el número que va colocado después del nombre de la Revista.

De lo que antecede es importante leer detalladamente las instrucciones para autores que presenta cada revista. Dichas instrucciones deben ser respetadas al pie de la letra, para que el manuscrito no sea devuelto como consecuencia de que el autor no siguió las instrucciones.

Para un libro

> Beal V.A. (1994). *Nutrition in Life Span.* 1st edition, John Wiley & Sons, Inc. 490 pp.

En este ejemplo se cita el número total de páginas del libro. También se indica que es la primera edición. Este dato no es necesario, al igual que la abreviatura "Inc." cuando se señala la editorial.

Para trabajos en libros de muchos autores con uno o más editores

> Conrad M.E. (1987) Iron absorption. In: Johnson LR (Ed): *Physiology of the Gastrointestinal Tract*, 2nd ed. New York: Raven, pp 1437-1457.

En este caso se citan las páginas que corresponden al trabajo de Conrad, dentro de todo el libro. Además el estilo de la fuente de los títulos de los libros va siempre en *itálica* o *cursiva*, al igual que el de las tesis.

Para tesis o "disertaciones"

> Peters A. B. (1985) *Dietary fat and plasma lipid physical properties in children.* PhD thesis, Department of Nutrition, Faculty of Medicine, Lyon, France.

Trabajos en prensa

Pueden incluirse en la lista de referencias y seguirían, por ejemplo, el siguiente formato:

> Bazzarre T.L. Chronic disease risk factors in vitamin/mineral supplement users. J. Am. Coll. Nutr, in press, 1994.

3. Instrucciones para los autores

El texto siguiente está construido sobre la base de las "instrucciones para los autores" que regla la presentación de trabajos en las revistas científicas. Todas ellas tienen el mismo formato, pero se diferencian en las exigencias de la presentación. La siguiente instrucción está tomada de la "Guide for Authours" del *Journal of Food Biochemistry.*

[Normas generales.]

Cuatro copias del manuscrito impreso deben ser sometidas a la editorial junto con un disquete IBM, doble espacio con márgenes de una pulgada a los dos lados.

La primera página debe contener: el título, el cual debe ser conciso e informativo; el o los nombres completos de los autores; la afiliación de los autores; el título debe ser de 40 caracteres o menos; y el nombre y dirección postal a quien debe ser dirigida la correspondencia.

La segunda página contiene un *abstract* de no más de 150 palabras. Este *abstract* o resumen deberá ser comprensible por sí solo.

[Normas específicas. Observe los detalles que podrían ser considerados elementales para investigadores formados.]

El texto principal comienza en la tercera página y deberá tener por lo general el siguiente orden:

Introducción: ésta debe ser breve y fundamentar la razón del trabajo en relación con el campo de estudio. Debe indicar cuál es la nueva contribución del trabajo.

Materiales y métodos: debe proporcionar suficiente información para que otros investigadores puedan repetir el trabajo. Se debe evitar repetir los detalles de los procedimientos que hayan sido publicados en otro lugar.

Resultados: los resultados deben ser presentados lo más concisamente posible. No use tablas y figuras para presentar los mismos datos.

Discusión: La sección discusión deberá ser usada para la interpretación de los resultados. Los resultados no deben repetirse.

En algunos casos puede ser preferible combinar las dos secciones, resultados y discusión.

Referencias: las referencias deben ser brindadas en el texto por el apellido de los autores y el año. *Et al.* debe utilizarse en el texto cuando hay más de dos autores. Todos los autores deben ser nombrados en la sección Referencias. En esta sección las referencias deben ser ordenadas alfabéticamente. Lea a continuación el estilo que debe ser usado:

CRABBE, T., O´CONNELL, J. P., SMITH, B. J. and DOCHERTY, A. J. 1994. Reciprocated matrix metalloproteinase activation: a process performed by interstitial collagenase and progelatinase A. Biochemistry *33* (48): 14419-14425.

SW GROOT, S. J. 1995. Edible species. In *Fish and Fishery Products Composition, Nutritive Properties and Stability,* (A. Ruiter, ed.) pp.31-76, CAB International, Wallingford.

WHITAKER, J. R. 1993. *Principles of Enzymology for the Food Sciences*, Second Edition, 648 pp. Marcel Dekker, New York.

Las abreviaturas de la Revista deben seguir las utilizadas en los *Chemical Abstracts*. La responsabilidad por la exactitud de las citas es completamente del o los autores. Las referencias a trabajos en prensa deben indicar el nombre de la revista y deben ser usadas solamente para aquellos trabajos que ya han sido aceptados para publicación. Los trabajos sometidos deben ser referidos en términos de "observaciones sin publicar" o "comunicación personal". Sin embargo, estos últimos deben utilizarse solamente cuando sea estrictamente necesario.

Las Tablas deben ser numeradas consecutivamente con números arábicos. El título de la tabla debe aparecer del siguiente modo:

TABLA 1.

ACTIVITY OF POTATO ACYL-HIDROLASES ON NEUTRAL LÍPIDOS, GALATOLIPIDS AND PHOSPHOLIPIDS.

La descripción del trabajo experimental o la explicación de los símbolos deben ir debajo de la misma tabla.

Las Figuras deben ser colocadas en orden en el texto utilizando números arábigos. Las leyendas de las figuras deben ser escritas en una hoja separada. Las figuras y tablas deben ser comprensibles sin referirlas al texto. Los autores deben indicar en qué lugar del texto deben ser colocadas las tablas y las figuras. Las fotografías deben ser proporcionadas en blanco y negro. Los diagramas de línea deben ser dibujados en tinta negra a prueba de agua sobre hoja o papel blanco. Las letras deben ser de un tamaño tal que puedan ser legibles fácilmente después de su reducción. Cada diagrama y fotografía debe estar claramente rotulado en el dorso con el nombre del autor o autores, y el título del trabajo.

Agradecimientos: los agradecimientos deben ser colocados en una hoja separada.

Debe seguirse la nomenclatura estándar usada en la literatura científica. Evite la jerga de laboratorio. Si se usan abreviaturas o nombres comerciales, defina el material o compuesto la primera vez que se menciona.

Capítulo 13

La defensa de tesis

Le decía en el capítulo 2 que el informe de tesis se lo conoce también con el nombre de "disertación", especialmente en el ámbito académico de habla inglesa. El término puede referir tanto a la totalidad de la actividad de realización de la tesis como a uno de los momentos: la instancia final que, entre nosotros, se identifica con lo que llamamos ***defensa de tesis***. Esta instancia es exigida especialmente en las maestrías y los doctorados. Se trata de una exposición relativamente breve (el tiempo depende de las costumbres o normas de la institución), sobre los lineamientos fundamentales de la investigación realizada. Usted será la/el protagonista de un encuentro para el que han sido convocados por las autoridades de la Universidad, su director, un jurado que ya conoce y ha opinado —concretamente ha formulado previamente un dictamen sobre su documento escrito, merced al cual se le ha permitido llegar a esta instancia final—, y público que en casi todas las instituciones puede asistir sin restricciones. Esta instancia final, por otra parte, suele estar rodeada de ciertas formalidades, desde las necesarias, esto es, los aspectos técnico-administrativos, hasta los aprontes de solemnidad que rodean a tan importante momento de su vida profesional, los cuales varían de una universidad a otra.

La expresión 'defensa de tesis' es si se quiere un poco exagerada pues en realidad usted no va a hacer propiamente una "defensa", como solía hacerse en las universidades medievales, sino que va a exponer sistemáticamente del modo más persuasivo y con claridad argumentativa las ideas centrales que articularon su investigación, la lógica probatoria de las hipótesis y el logro de los objetivos que orientaron su estudio, así como su contribución al cuerpo de conocimientos de la disciplina en la que suscribe su temática. Para ello, no debe obviar las posturas de los jurados y, sobre todo, las observaciones o comentarios que ellos le han hecho sobre el documento escrito. Por eso, conviene que incluya en la disertación una prudente y siempre modesta respuesta a esos comentarios críticos respecto de los puntos de vista adoptados por usted en el desarrollo de la tesis.

Un dato no menor es asegurarse de exponer los aspectos centrales de su investigación y matizarlo, si lo posibilita el tipo de estudio que ha realizado, con una reflexión personal sobre el proceso de investigación.

Respecto del uso de recursos didácticos en la exposición mi mejor consejo es evitar que, por ejemplo, la modalidad (el abuso) de su empleo haga prescindible la presencia suya como orador. No olvide que en esta instancia se evalúa su capacidad oratoria, no su habilidad como diseñador. Lo peor para un auditorio es enfrentarse ante el dilema de leer las diapositivas o filminas que se suceden unas a otras sin discontinuidad o escucharlo a usted. Ese tiempo de exposición es suyo y debo aprovecharlo para demostrar el sentido y la validez de su esfuerzo académico.

Una vez que haya finalizada la exposición en el tiempo asignado para ello sin exceso ni defecto, debe esperar que los miembros de jurado lo interroguen sobre: 1) aspectos de su exposición, 2) contenidos de su documento escrito, 3) su punto de vista acerca de cuestiones relacionadas con la incidencia de su estudio en la problemática general de la disciplina, y 4) desacuerdos o dudas sobre algunos de los enfoques de su trabajo. Cerrado este trámite, los miembros deliberan y acuerdan una apreciación sobre el resultado de su trabajo que incluye la exposición oral y cuya valoración objetivan en un acta especial del acontecimiento.

Recuerde:

√ *Se trata de una exposición oral relativamente breve en la que deberá señalar los lineamientos fundamentales de su tesis, por lo tanto, exponga sistemáticamente, sin improvisar, la lógica probatoria de las hipótesis y el aporte de su investigación a la problemática tratada.*

√ *Incluya en la disertación una respuesta a las observaciones realizadas previamente por los miembros del jurado.*

√ *Evite que los recursos didácticos empleados hagan prescindible su presencia como orador.*

√ *Limite su exposición al tiempo asignado.*

√ *Responda sin vaguedades a las preguntas de los miembros del jurado. No genere un debate con él, sino que exponga con modestia y prudencia su posición apelando a información generada por su investigación.*

Reflexiones finales

Ciertamente, usted sólo pretende por ahora cerrar un ciclo de formación profesional. Pero, en el caso de una tesis de maestría, de doctorado o, inclusive, en los trabajos finales de una especialización, se espera que usted aporte algo más que un documento cuidado. Esto ya lo hemos conversado largamente. Lo importante es que tenga plena conciencia de que su tesis es el puente para formar parte como miembro pleno de una comunidad de especialistas. Es su credencial de ingreso que ofrece primero a esa comunidad específica y, como consecuencia de ello, a la sociedad. A partir de su titulación usted será considerado por esa sociedad como un experto en la materia y lo reconocerán como tal. Puede que suene solemne lo que ahora, en el final, vengo a decirle, pero es necesario que reflexione sobre esto. Por supuesto que no me refiero aquí al reconocimiento superficial y vanidoso en que muchos profesionales caen imponiendo unos honores a cuanta persona encuentran en su camino. Al contrario de honores, usted tiene a partir de su titulación nuevas obligaciones. La titulación que ha logrado aumenta su compromiso con la sociedad en la que vive, en particular con aquellas personas que no tienen su preparación pero que han contribuido directa o indirectamente a que usted sea un profesional en la disciplina que ha elegido. Le cabe pues el deber de la prudencia en los juicios, la honestidad de los procedimientos, la actualización permanente de sus conocimientos y el don de la gratuidad en la formación de recursos humanos cada vez más capaces para enfrentar mejor las condiciones de un mundo, cuya complejidad necesita de la cooperación, la democratización de la educación y la conciencia activa de las cuestiones vitales que demanda la constitución de una humanidad digna de llevar ese nombre. Compartir los talentos adquiridos es la misión y la tarea; multiplicar los dones que sus circunstancias vitales han permitido que los posea y los pueda disfrutar.

Este modesto libro quiso acompañarlo hasta las puertas de ese compromiso profesional. Espero que mi esfuerzo le haya servido. A su hora perfecciónelo y entréguelo con la misma generosidad –no siempre eficacia– con la que traté de hacerlo a lo largo de esta conversación. La ciencia es sabiduría cuando no pierde de vista este trabajo silencioso de construir la historia sin mezquindades.

Apéndice A
El uso de la Estadística

La ampliación del *Apéndice* sobre el uso de la estadística que he deci dido hacer en esta edición con el concurso de colegas especialistas,[1] no tiene otro propósito que seguir acercándole una modesta reflexión sobre algunas precauciones que conviene que usted tenga en el caso de que necesite hacer uso de esta herramienta para sus intereses académicos o de estudio. Esa ampliación incluye algunas observaciones sobre su uso en ciencias sociales. En todos los casos, como ya hemos conversado sobre ello, si se encuentra ante la opción de un empleo especializado o más complejo de esta disciplina, no dude en consultar con un estadístico.

Sin duda, el instrumento usual para la realización de experimentos o de trabajos de campo dentro de una investigación es la medición de una *variable*. Las variables pueden ser numéricas (cuando el producto de la medición es un *número*, por ejemplo: X = longitud del cráneo de las gaviotas adultas) o de *atributos* (cuando el producto de la medición es una cualidad o un nombre, por ejemplo: X = color predominante de las alas de las mariposas).

Una vez obtenidos los resultados de la observación, el paso siguiente consiste en hacer un adecuado tratamiento de ellos para obtener las conclusiones pertinentes. En este paso de tratamiento de los resultados es de fundamental importancia la aplicación de la estadística, la rama de la matemática que surgió a partir de la necesidad de interpretar los resultados obtenidos en el proceso de investigación y de extraer conclusiones a partir de ellos. La estadística permite reconocer el valor de los resultados o distinguir si los resultados de dos mediciones son iguales o no.

Así, esta disciplina se constituye en una herramienta cuyo papel es fundamental para la realización de trabajos de investigación. A veces, esta importancia es acentuada con alguna exageración, por ejemplo, cuando ciertas revistas científicas aceptan sólo colaboraciones que tengan un tratamiento estadístico. Entonces, su uso se vuelve insustancial o decorativo. Este aspecto de dudosa cientificidad se ha generalizado de tal modo que en

---

[1] El Dr. Eduardo N. Cozza y el Lic. Carlos E. Ezeiza Pohl.

las revistas de ciencias sociales suele solicitarse en las instrucciones que brindan a los autores para el envío de sus *papers*.

Como todas las herramientas la estadística puede tener un empleo apropiado o no. El hombre común suele tener una mala imagen o una imagen distorsionada del uso de la estadística. Por ejemplo, está acostumbrado a escuchar o leer informes o documentos de los gobiernos o de organismos nacionales o internacionales en los que se hace referencia al uso de estadísticas para respaldar la versión sobre ciertos fenómenos. En general, esos usos de la estadística persiguen un fin determinado o pretenden demostrar algo preconcebido de antemano. Por citar algunos ejemplos: el aumento de la producción en un rubro en los últimos cinco años, y en otro rubro en los últimos siete años; la diferencia podría estar en que es muy probable que si usasen los mismos términos de tiempo para ambos rubros uno de ellos no demostraría aumento. O se afirma que la desocupación cayó, pues pasó del 8 % al 7% sin aclarar el error inherente a ambas mediciones, y eso es importante pues si resultase ser 8% + 1 % en un caso y 7% + 1 % en el otro, casi con seguridad que deberíamos interpretar que la desocupación no ha variado. Evidentemente esto es un mal uso de la estadística, y no es a lo que nos referimos en estas páginas. Un viejo adagio dice que "la estadística demuestra lo que uno quiere demostrar". Esta aseveración, ciertamente errónea, está basada en ese tipo de ejemplos en los que se hace uso de la estadística sin el conocimiento debido. Lo correcto sería expresar: "El mal uso de la estadística demuestra lo que uno quiere demostrar".

Vale aclarar entonces que estamos hablando aquí del uso científico de la estadística. Esto quiere decir, entre otras cosas, que debemos evitar los preconceptos, pues en la actividad científica no hay que demostrar lo que uno cree o piensa sino lo que los resultados manifiestan durante el proceso de investigación; y para ello simplemente contamos —o deberíamos contar— con la honestidad, la ética y la idoneidad del investigador. Así, la aplicación de la estadística a la investigación no contará —o no debería contar— con los tipos de vicios antes mencionados, sino que será, como ya se dijo, la herramienta que agregará valor y validez a los resultados. Todo esto constituye un buen uso de la estadística.

Ahora bien, ¿qué información puede brindarle la estadística? La estadística fue inicialmente desarrollada para dar forma a los resultados que se obtenían en las mediciones con una variable. Es así como se desarrollaron los parámetros 'media aritmética', 'desviación estándar', etcétera..., por dar sólo dos ejemplos en general conocidos.

Luego la investigación se amplió a la situación de poseer dos variables de medición. Por lo tanto, la aparición en escena de dos grupos de resultados, uno por cada variable, obligó a comparar para decidir si los valores son iguales o distintos y, en este caso, cuál es mayor. Los métodos para esto son muy diversos y la aplicación depende del tipo de variable y de sus características.

En este último caso estamos frente a otra rama de la estadística, o sea la caracterización de las variables de medición o el método para comparar dos variables, paso muy importante para tomar otras decisiones en su aplicación.

Situaciones de necesidad de comparación de variables hay prácticamente en toda investigación. Así, por ejemplo, se quiere medir el número de errores ortográficos en un dictado estándar producido por un grupo de alumnos de la escuela A, con la misma variable para los alumnos de la escuela B, o bien se quiere saber si el contenido de cloro en dos marcas de lavandina es igual o distinto, etcétera.

Otro paso relevante en el uso de la estadística fue la posibilidad de comparar ya no dos variables, sino la cantidad de variables que el investigador necesite. Nuevamente aquí hay muchos métodos y la aplicación de uno u otro dependerá de las características de la variable.

Finalmente, entre muchas otras aplicaciones, la estadística permite determinar la ecuación matemática que relaciona a dos variables, e indica si en realidad las variables no están relacionadas, si ese fuese el caso. La obtención de tal ecuación matemática suele ser muy útil. Por ejemplo, si logro encontrar la ecuación que relacione a las variables X_1 y X_2, esto me puede permitir conocer el valor de X_2 midiendo solamente X_1.

En realidad, "antes" de comenzar con las mediciones de las variables que forman parte de nuestro interés en la investigación, hay que realizar el estudio estadístico previo, el cual, entre otras cosas, permitirá decidir cómo realizar las mediciones. Esto es realmente muy importante aunque muchas veces la única forma de comprobar esta importancia es sufrir con la propia experiencia de la dificultad o el error. El campo de la investigación está plagado de ejemplos en los que luego de realizar las mediciones de la variables, los resultados "no sirven" pues las mediciones no se han realizado como lo necesita el método estadístico aplicable, y todo por no haber realizado el estudio estadístico preliminar. Resulta muy duro decir a un investigador que sus resultados directamente no sirven o que no se va a poder extraer científicamente de ellos lo que él buscaba.

Este último comentario nos lleva a reiterar la necesidad de la consulta a especialistas en el tema estadística, sobre todo en los primeros pasos de las investigaciones, y en particular si se trata de su tesis. No es posible conocer los detalles de esta disciplina simplemente leyendo un manual. Lo usual, de todos modos, es que con el tiempo y la reiteración del tipo de experimentos que realice, el investigador vaya conociendo y aplicando los buenos usos de la estadística a sus necesidades.

Otro punto clave es la cuestión de la probabilidad en la estadística. Si bien la estadística permite realizar ciertos tratamientos con los resultados de las mediciones de un experimento, por ejemplo para comparar dos variables, la realidad es que las conclusiones que se obtengan tendrán un cierto grado de probabilidad que uno pretende que sea alto. Por una razón que se escapa al alcance de esta contribución tal probabilidad nunca puede ser del 100%, o "carece de sentido" pretender que sea del 100%; universalmente se considera que si la probabilidad es al menos del 95%, se da por segura (propiamente hablando: "significativa") la conclusión que la estadística nos da (como si la probabilidad fuese del 100%). La necesidad del uso de la probabilidad en los métodos estadísticos tiene su origen en los errores inherentes a las mediciones. Estos errores pueden ser de distinto tipo, provenir de distintas fuentes, pero siempre alguno de ellos estará presente.

En lo que sigue describiré un ejemplo práctico de aplicación donde se intentará mostrar o retratar algunas de las cuestiones ya mencionadas.

Supongamos que queremos saber si el contenido de tanino de dos marcas de vino tinto de Mendoza son iguales o no. Para ello definiremos la variable X = contenido de tanino de los vinos de Mendoza (en ng/ml), la que aplicaremos a las dos marcas de vino. Con esto tendremos en realidad dos variables X, una para una marca (X1) y otra para la otra marca (X2). Luego realizamos las mediciones del tanino en muestras de vino tinto de las dos marcas. Es importante resaltar que no se realiza una sola medición de cada marca, ya que de ese modo el experimento sería inválido, sino que se realizan varias mediciones para cada marca. Supongamos n1 mediciones para la variable X1, y n2 mediciones para la variable X2.

Ya realizadas las mediciones, para saber el contenido de tanino de ambas marcas de vino tinto podemos por ejemplo hacer el promedio de las mediciones sobre cada marca (si bien se escapa al alcance de este apéndice cabe consignar que el experimentador muchas veces está acostumbrado a utilizar indiscriminadamente el promedio o media aritmética para representar los valores de una variable pero no siempre dicho parámetro representa bien a los valores de una variable (la estadística ofrece también herramientas para dilucidar esto). Llamemos a ambos promedios $\underline{X1}$ y $\underline{X2}$. La intuición nos dice que si $\underline{X1}$ y $\underline{X2}$ son iguales, los contenidos de tanino entre ambas marcas serán iguales, y esto es cierto.

Pero ¿qué pasa si $\underline{X1}$ y $\underline{X2}$ no son iguales? ¿Los contenidos de tanino no son iguales? La respuesta es que no se sabe. O sea, si $\underline{X1}$ y $\underline{X2}$ no son iguales, los contenidos de tanino pueden ser iguales o distintos. La estadística tiene la respuesta.

¿Cómo puede ser que si $\underline{X1}$ y $\underline{X2}$ no son iguales los contenidos de tanino sean iguales?

La respuesta está en que en todas las mediciones existen errores. Una de las fuentes primarias de error es que se miden algunas muestras o algunos elementos, pero en realidad se quieren sacar conclusiones sobre todas las muestras posibles, o sea sobre toda la población. En otras palabras, las mediciones de tanino las hacemos en algunas muestras, pero la conclusión que queremos hacer es sobre todas las muestras posibles de cada marca de vino. Esto marca la existencia de error en la conclusión que queramos obtener.

Esto tiene dos derivaciones muy importantes, una de ellas la mencionaremos más adelante y está relacionada con la probabilidad, y la otra es que nuestra conclusión puede tener error.

Otra fuente común de error se halla en el mismo proceso de medición. Haga usted mismo la prueba. Invite a una persona a pesarse y pídale a dos personas que le digan el peso. Es altamente probable que los valores que digan ambas personas no coincidan. Por ejemplo una dice 78 kg y la otra casi 78 (77,8 si se anima a dar un valor). O pésese en dos balanzas diferentes, hay muchas posibilidades de que los valores que obtenga sean distintos.

Esto último no es raro. Es una característica de las mediciones que se realizan con instrumentos de medición como una balanza, una regla o un termómetro. La forma en que se coloca el instrumento, la forma en que se observa la escala, la apreciación de la posición de la aguja de la escala, etcétera, son fuentes comunes para que la medición de una variable dé resultados distintos cuando se cambia el instrumento y/o el operador que realiza la medición.

En este ejemplo tenemos un caso en el que hallamos "razonable" que dos medidas sobre un mismo elemento nos dé valores distintos. O sea que justificamos que dos valores que aparecen como distintos en realidad son iguales ya que la diferencia se encuentra en el error producido en la medición.

Entonces, explicado el proceso por el que dos números distintos pueden en realidad ser iguales si la diferencia entre ellos es solamente producida por el error, queda por preguntar cómo saber si dos números distintos en realidad son iguales o si efectivamente son diferentes. La estadística nos da la respuesta a través de sus métodos de comparaciones.

Esa respuesta de la estadística de todos modos no es concluyente. La razón es simple. Al medir solamente una parte de las muestras posibles, queda la duda sobre qué sucedería si se midiesen todas las muestras posibles. Quizás los valores de $X1$ y $X2$ cambien. Por eso es que la respuesta que me da la estadística tiene una cierta probabilidad de ser cierta. O sea, la estadística no me da resultados totalmente seguros. De todos modos por cuestiones prácticas se define que si la probabilidad de la conclusión que saque es de 0,95 o mayor, la conclusión se toma como válida. Cabe igualmente aclarar que la probabilidad nunca puede ser de 1 (seguridad total).

Los usos de la estadística en ciencias sociales

La idea de que "una tesis sin tratamiento estadístico de datos carece de valor científico", la ecuación: "trabajo de campo = análisis estadístico de datos" o, también, "toda tesis requiere o necesita el auxilio de la estadística", es mucho más polémica si se aplica al campo de las investigaciones en ciencias sociales. Esta posición representa sin duda una de las confusiones o malentendidos más comunes. Empero, puede haber casos de que una tesis o trabajo final, por su temática y diseño metodológico, pueda tener un extenso y complejo tratamiento estadístico, aunque esta situación no implica que "naturalmente" deba ser así siempre.

No se trata pues de "colocar a la estadística delante del problema de investigación", asumiéndola más como un fin que como un medio o herramienta. Merced a ello se suelen producir tesis o informes de investigación que tienen una gran profusión de tablas, fórmulas y gráficos "que adornan" y dan "aspecto científico" al trabajo, pero que no constituyen un valor agregado de conocimiento a la confirmación o refutación de una hipótesis o solución al problema de investigación. En realidad, lo que debe considerar en su decisión es: 1) si va a hacer un uso específico y de cierta complejidad de la estadística; y 2) en caso de que así sea, dedicar un tiempo y los medios adecuados para determinar qué tipo de tratamiento estadístico satisface su diseño de investigación. En definitiva, debe subordinar la estadística a sus necesidades reales de investigación.

En ciencias sociales, así como están aquellos que piensan que todo debe ser medido o cuantificado para otorgarles a estas disciplinas el carácter de "científicas", están también los detractores a ultranza de la estadística, quienes descreen de los números en cualquier circunstancia. No es necesario decir que ambos posturas son resabios de viejas polémicas. Ninguna de ellas, en realidad, se sostiene hoy como actitud científica ante los problemas. La caja de herramientas metodológica del investigador es lo suficientemente rica (o debería serlo) como para satisfacer los requerimientos de su problema de investigación. Por eso no hay nada que deba ser desechado, menos el auxilio de la estadística si puede contribuir y dar consistencia al propósito de la validación de una hipótesis de trabajo.

Ciertamente, y como complemento de lo dicho en el párrafo precedente, puede decirse que es común la adhesión al enfoque cualitativo como "zona libre de datos", cuando en realidad, técnicas como el análisis de contenido, entre otras, hacen un uso intensivo del enfoque cuantitativo pues miden el grado de asociación y/o co-ocurrencia de términos, categorías o conceptos en corpus documentales, entrevistas, registros de observación, etcétera, con el fin de determinar, entre otras cosas, patrones generales de respuesta o comportamiento en individuos o grupos.

Algunas aplicaciones de la estadística en ciencias sociales

Si en su trabajo de investigación o tesis necesita desarrollar un experimento en condiciones suficientes de validez o confiabilidad, obviamente sin afectar éticamente a los sujetos en estudio, puede reunir un conjunto de personas representativas y equivalentes para constituir un grupo experimental y otro de control. Con ello puede abordar experimentos para analizar si una o más variables independientes afectan a una o más variables dependientes y cómo lo hacen. Para obtener evidencia de esta relación supuesta, el investigador *manipula* [2] la variable independiente y observa si la dependiente varía o no. Por ejemplo, estudiar si existe relación entre el momento del día en el que se aplica una evaluación escrita en un curso y el rendimiento académico resultante, la manipulación de la variable independiente consiste en variar los distintos momentos posible de aplicación (primeras horas de la mañana, a media mañana, al mediodía, etcétera) de la evaluación al grupo experimental. Si el diseño de sus tesis exige un estudio así, entonces tiene por delante un tratamiento de sus datos en el que la estadística será una ayuda necesaria y fundamental.

Puede ser el caso también de llevar adelante una tesis del tipo de diseño que se denomina "no experimental". Estos diseños conciben a la investigación como una actividad que se realiza sin manipular deliberadamente a las variables, sino que se observan fenómenos tal y como se dan en su contexto. Son situaciones ya existentes no provocadas por el investigador. Un primer aporte sustancial de las técnicas estadísticas, en estos casos, será la determinación correcta del tamaño de la muestra, esto es así ya que los datos se reúnen por lo general a partir de una muestra de sujetos, y no sobre toda la población a la que se pretende aplicar los resultados. En el caso de un enfoque dominantemente cuantitativo, no es adecuado tomar cualquier muestra, sino que ésta debe ser aleatoria, a fin de que los resultados obtenidos de la muestra también puedan aplicarse a la población.

Técnicamente, esto último se denomina "seleccionar una muestra probabilística de una población". Para ello debemos conocer el tamaño preciso

---

[2] La palabra "manipular" tiene un solo sentido inequívoco en el contexto de una investigación o desarrollo de su tesis y es el de asignar distintos valores a la variable independiente, como puede verlo en el ejemplo del texto. Por supuesto, no le está permitido éticamente "manipular" variables que sean sujetos humanos.

en cantidad de unidades de análisis de nuestra población (N), por ejemplo en una investigación no experimental que intenta determinar si hay correlación entre el uso de Internet en el hogar y el rendimiento académico de los alumnos de un distrito regional x, la población en estudio serán todos aquellos hogares del distrito regional x con acceso a Internet en su hogar (información que puede extraerse de la ficha de matrícula o cédula escolar que recolecta datos de cada alumno, su familia, etcétera) y que se compila en bases de datos que permiten generar un listado completo, o casi completo de la población; a esto se lo denomina "marco muestral", esto es, el marco de referencia que nos permite identificar físicamente los elementos de la población, la posibilidad de enumerarlos y de proceder a la selección de los elementos muestrales. Una consulta típica de quienes llevan a cabo trabajo de campo es, ¿cuántas entrevistas/encuestas/observaciones debo hacer? Para responder a ello no hay respuestas predeterminadas sino uno debe ubicarse desde el punto de vista estadístico en el tipo de enfoque de que se trate. Si es cuantitativo existen tablas que permiten determinar el tamaño de la muestra a partir de lo que se conoce como *nivel de confianza y margen de error*. Si se pretenda un mayor nivel de confianza y menor margen de error aceptado por el investigador para su hipótesis, mayor será el número de elementos que deben incluirse en la muestra (n). Por ejemplo, utilizando las tablas mencionadas (que aparecen frecuentemente en todos los manuales de estadística), si deseamos extraer una muestra de un universo de 3000 (N) elementos, con un nivel de confianza del 99,7 % y un margen de error del +/- 4%, la consulta a tabla arroja una muestra n de 956 unidades de análisis, para el mismo tamaño de N, si aceptamos un margen de error del +/- 5%, la consulta a tabla arroja una muestra n de 692 unidades de análisis, o sea, la muestra disminuye en 264 casos su tamaño, lo cual no es poca cosa si usted considera que tiene que aplicar encuestas, ya que es muy diferente el esfuerzo, tiempo y costo que significa obtener información para el primer tamaño de muestra respecto del segundo. En el caso de muestras no probabilísticas, relacionadas con una selección intencional de la muestra, su tamaño es aquel que está determinado por la factibilidad y recursos con los que usted podría contar, y en este caso no pueden hacerse inferencias válidas de los datos de la muestra seleccionada respecto de la población de referencia. Desde luego estos datos sólo permiten caracterizar o describir las propiedades o atributos de las unidades de análisis que contiene dicha muestra y no puede estadísticamente estar al servicio de probar hipótesis.

Como podrá advertir, solamente el tema de muestreo evidencia lo complejo que significa recolectar datos, mucho antes de analizarlos e interpretarlos. Lo cierto es que: 1) sabe que puede contar con la variedad de dispositivos herramentales de la estadística; 2) conviene consultar a un especialista en la disciplina para tomar decisiones sobre el alcance de su empleo y la oportunidad del método; y 3) los resultados estadísticos no son toda la investigación, a menos que sea una temática muy específica en torno a ella, es sólo una herramienta que puede ser tanto más eficaz cuanto sepa de sus alcances y limitaciones.

Apéndice **B**

Abreviaturas y símbolos de uso frecuente en la redacción de trabajos académicos

La siguiente selección no es exhaustiva. Un listado de estas abreviaturas, que podrá utilizar para referenciar citas en el texto o en notas, puede encontrarse generalmente en las páginas iniciales de diccionarios, enciclopedias u otras obras de consulta. Consigno aquí las más frecuentes. La mayoría se corresponde con la preceptiva de la Real Academia Española. Se han agregado a la lista algunas abreviaturas latinas y símbolos que no figuran en la *Ortografía de la Lengua Española*, edición revisada por las Academias de la Lengua, Madrid, RAE - Espasa Calpe, 1999; pp. 97-115.

AA. VV.	autores varios. Véase también VV. AA.
a. C.	antes de Cristo. Véase también a. de C.; a. de J. C.; a. J. C.
a. de C.; a de J. C.	antes de Cristo. Véase también a. C.; a. J. C.
a. J. C.	antes de Jesucristo. Véase también a. C.; a. de C.; a. de J. C.
Anón.	Anónimo
art.; art.º	artículo
A. T.	Antiguo Testamento
Bibl.	biblioteca
c	circa ('en torno a la fecha que se indica')
c.	capítulo. Véase también cap.; cap.º
cap.; cap.º	capítulo. Véase también c
CD-ROM	*compact disc-read only memory* ('disco compacto solo de lectura, cederrón')
cf.	cónfer ('compárese, véase'). Véase también cfr.; conf.; confr.;
cfr.	cónfer ('compárese, véase'). Véase también cf.; conf.; confr.;

143

col.	colección; también columna (plural cols.)
d. C.	después de Cristo. Véase también d. de C.; d. de J. C.; d. J. C.
d. de C.	después de Cristo. Véase también d.C.; d. de J. C., d. J. C.
d. de J. C.	después de Jesucristo. Véase también d. C., d. de C., d. J. C.
D. F.	Distrito Federal
dicc.	diccionario
DIN	*Deutsche Industrie Normen* ('normas de la industria alemana')
Dir.	dirección
Dir.; Dir.ª	director, directora
ed.	edición
ed.	editor
Ed.; Edit.	editorial
et al.	et alii ('y otros')
etc.	etcétera.
fasc.	fascículo
fig.	figura
f.; f.º; fol.	folio
http	*hypertext transfer protocol* ('protocolo de transferencia de hipertexto')
ib.; ibíd.	ibídem ('en el mismo lugar')
íd.	ídem ('el mismo, lo mismo')
i. e.	id est ('esto es')
ISBN	*International Standard Book Number* ('Registro Internacional de Libros Editados')
ISO	*International Standard Organization* ('Organización Internacional de Estandarización')
ISSN	*International Standard Series Number* ('Registro Internacional de Publicaciones Periódicas')

l. c.	loco citato ('en el lugar citado'). Véase también loc. cit.
Ldo.; Lda.	licenciado, licenciada. Véase también Lic.; Lic do., Licda.
Lic.; Licdo.; Licda.	licenciado, licenciada. Véase también Ldo., Lda.
loc. cit.	loco citato. Véase también l.c.
ms.	manuscrito
N. B.	nota bene ('nótese bien')
N. del T.	nota del traductor
n.º	número. Véase también nro.; núm.
nro.	número. Véase también n.º; núm.
ntro.; ntra.	nuestro, nuestra
N. T.	Nuevo Testamento
núm.	número. Véase también n.º; nro.
ob. cit.	obra citada. Véase también op. cit.
op. cit.	ópere citato ('en la obra citada'). Véase también ob. cit.
p.	página. Véase pp. Véase también pág.; pg.
pág.	página. Véase también p.; pg.
párr.	párrafo. Véase también §
passim	por todas partes en un texto cuando se quiere hacer referencia a una idea o concepto que el autor citado trata a todo lo largo de su obra
p. ej.	por ejemplo
pg.	página. Véase también p., pág.
pp.	páginas. Véase p.
Prof.; Profª	profesor, profesora
s.	siguiente. Véase también sig.
s.	siglo. Véase ss.
s. a.; s/a	sin año (de impresión o edición)

s.e.; s/e	sin (indicación de) editorial
s. f.; s/f	sin fecha
sic	así, tal cual como se encuentra en el texto citado
sig.	siguiente. Véase también s.
s.l.; s/l	sin (indicación de) lugar de edición
ss.	siglos. Véase s.
s. v.; s/v	sub voce ('bajo la palabra', en diccionarios y enciclopedias)
tít.	título
v.	véase
v.	verso
VV. AA.	varios autores. Véase también AA. VV.
www	*world wide web* ('red informática mundial')

Símbolos

§	párrafo. Véase también párr.
<	menor que (en Matemáticas); procede de (en Filología)
≤	menor o igual que (en Matemáticas)
>	mayor que (en Matemáticas); pasa a (en Filología)
≥	mayor o igual que (en Matemáticas)
*	forma hipotética o incorrecta (en Filología)
¶	información complementaria (en Filología)
../..	siguen más páginas

Apéndice C
Orientación bibliográfica comentada

La siguiente orientación es parcial. Se circunscribe a algunas obras que circulan en nuestro ámbito y cuya temática está vinculada con la elaboración de tesis o trabajos científicos. No he seleccionado específicamente muchos manuales de metodología de la investigación científica que suelen utilizarse con ese propósito. Aunque ninguno de estos manuales carece de utilidad para realizar su tesis he preferido privilegiar la inclusión de las obras con una orientación semejante a la de este libro.

– Asti Vera, A. *Metodología de la investigación*. Buenos Aires. Kapelusz. Varias ediciones.

Una de las primeras obras de un autor argentino publicadas sobre este tema, convertida en un clásico por su claridad, su carácter reflexivo y por contener indicaciones aún vigentes y no presentes en la mayoría de los textos del género. Aborda en primer término la problemática del método en las diversas ciencias y en la filosofía. En una segunda parte se dedica a todos los temas relativos a la investigación y, por último, a la preparación del trabajo final.

–Babbie, Earl. *Fundamentos de la investigación social*. México. Thomson Learnig. 2000.

Es la obra de un sociólogo que muestra el acceso al tratamiento de los problemas sociales mundiales a partir de la comprensión de la metodología de las ciencias que los estudian. Paradigmas, diseño y estructura de la investigación son temas a los que se agregan las diferentes técnicas como índices, muestreo, encuestas, experimentos, cuantificación y análisis de datos, todos ellos en armónico equilibrio entre conocimientos teóricos y aplicaciones a través de una lectura amenizada con ejemplos cotidianos.

–Biagi; Marta C. *Investigación científica; guía práctica para desarrollar proyectos y tesis*. Morón. Ediciones Praia. 2005

La estructura de este libro, pensado como guía para los trabajos en un taller y como complemento de lectura de manuales más extensos, presenta en forma didáctica los pasos y etapas para elaborar un proyecto de investigación y preparar una tesis. Muestra un modelo con todas las fases de un proyecto, detalla los tipos de hipótesis, la forma de redactar un cuestionario o de preparar una entrevista para una investigación cualitativa, cómo proceder con el método de casos o con el comparativo. Incursiona mediante ejemplos en un análisis descriptivo e inferencial simple empleando *software* apropiado al análisis estadístico. Está pensado como una guía para estudiantes y tesistas y como complemento de lectura de manuales más extensos a los cuales se remite en diferentes momentos.

–Botta, M., *Tesis, monografías e informes. Nuevas normas y técnicas de investigación y redacción.* Buenos Aires. Biblos. 2005.

Obra que sigue el enfoque habitual de los textos de esta índole, orientado casi exclusivamente a los trabajos del campo de las ciencias sociales. Presenta un desarrollo especial de las normativas bibliotecológicas.

–Dei, H. Daniel (Ed.). *Pensar y hacer en investigación.* 2 tomos. Buenos Aires. Docencia. 2002.

Esta obra ofrece una amplia perspectiva escrita por especialistas de distintos países consagrados a la investigación en diversas disciplinas científicas. Abarca casi todos los aspectos de la investigación científica, desde la consideración teórico-filosófica de los fundamentos de la ciencia, los métodos y la tecnología, la práctica de la investigación en las ciencias naturales y sociales hasta los enfoques particulares metodológicos de cada disciplina, incluyendo varios capítulos sobre las cuestiones éticas en la investigación. Se caracteriza por la pluralidad de enfoques y la combinación de la reflexión teórica con la práctica investigativa.

–Eco, Umberto. *Cómo se hace una tesis. Técnicas y procedimientos de investigación, estudio y escritura.* México. Gedisa. 2000. 24ª Reimpresión.

Obra ya clásica para todo el que necesite licenciarse o doctorarse en disciplinas humanísticas. Hace hincapié en el *cómo* se procede en cada una de las etapas de la investigación: elección del tema, búsqueda del material, plan de trabajo, fichas, redacción. Es un texto ameno, escrito con buen estilo, riguroso y con indicaciones precisas y muy útiles. Especialmente recomendable para quienes deban realizar una tesis en el ámbito de las humanidades y la filosofía.

–Eyssautier de la Mora, M. *Metodología de la Investigación. Desarrollo de la inteligencia.* México. ECAFSA - Thomson Learning. 2002.

Obra dedicada al análisis metodológico del proceso de investigación, en particular al área administrativo-contable e informática. Se encara la problemática del método a partir de haber hecho previamente una incursión en algunos enfoques lógico-filosóficos del conocimiento científico. Se dedica buena parte del trabajo a las técnicas de recopilación de datos, muestreo, tratamiento y procesamiento. Aborda también el tema del protocolo y la presentación de trabajos. Contiene apoyos didácticos para profesores y alumnos.

–Jurado Rojas, Yolanda. *Técnicas de investigación documental. Manual para la elaboración de tesis, monografías, ensayos e informes académicos.* México. Thompson. 2002.

Este libro describe los sistemas de información usuales y las técnicas de registros documentales para la elaboración de trabajos académicos. Ilustra en detalle y en forma gráfica los modelos de APA, de la Asociación de Lenguas Modernas (MLA), ambos de origen anglosajón, y el que denomina Latino (ML), empleado en universidades de México. Está orientado básicamente a explicar en forma sencilla y gráfica la manera de documentar fuentes bibliográficas, hemerográficas y electrónicas.

–Kunz, A., Cardinaux, N. *Investigar en Derecho. Guía para estudiantes y tesistas.* Buenos Aires. UBA. Facultad de Derecho. Dpto. de Publicaciones. 2004.

Como el título indica, las autoras, de reconocida trayectoria en nuestro medio, tratan de orientar la investigación en un área específica de las ciencias sociales, el derecho. A partir del concepto de "texto en construcción", se efectúa un detallado análisis prescriptivo sobre cómo investigar según el hilo conductor proporcionado por los conceptos: descubrir, explicar, comprender, criticar, medir, interpretar, defender.

–Mancuso, H. *Metodología de la investigación en ciencias sociales*. Buenos Aires. Paidós. 2001.

En este libro se aborda la problemática epistemológica y también metodológica en ciencias sociales desde una perspectiva amplia y superadora de falsas antinomias. Parte de la reflexión sobre la problemática de la investigación, sus problemas y ámbito. Procede a continuación a un análisis suficientemente exhaustivo de las hipótesis y leyes científicas para finalizar con cuestiones de estilo: la exposición final de los trabajos de investigación con la explicación de diferentes técnicas y convenciones corrientes.

–Muñoz Razo, C., *Cómo elaborar y asesorar una investigación de Tesis*. México. Pearson. 1998.

Este libro está orientado a la preparación de tesis de licenciatura. Además de ofrecer útiles consejos para la elección del tema y propuesta de investigación, contiene importantes elementos de tipo didáctico para aplicar métodos y procedimientos. También contiene referencias al modo de redactar el trabajo y sugerencias para el examen profesional.

–Pérez Serrano, G., *Investigación cualitativa. Métodos y técnicas*. Buenos Aires. Docencia. 1994.

Preparado para la formación a distancia, el texto ofrece una fundamentación teórica y aplicaciones prácticas de los métodos cualitativos en relación con los cuantitativos, despejando los prejuicios en torno a una división absoluta en la investigación científica, la descripción y modo de empleo de los métodos y técnicas de investigación cualitativa. Es particularmente útil para quienes trabajen en el campo de las ciencias de la educación, la psicología aplicada y en trabajos sociales.

–Romano Yalour, M., Tobar, F. *¿Cómo hacer tesis y monografías sobre políticas, servicios y sistemas de salud?* Buenos Aires. ISALUD. 1998. Cuaderno ISALUD nº 2.

Presenta un conjunto de recomendaciones y precisiones conceptuales sobre cómo realizar, organizar, planificar y redactar proyectos o tesis y trabajos de investigación en disciplinas como las indicadas en el título. Práctico, ameno y riguroso puede consultarse con provecho por aquellos que realizan trabajos de especialización o tesis vinculadas al campo de la gestión, en particular de los sistemas de salud, en función de los numerosos ejemplos que los autores ofrecen en el libro.

–Sabino, C. A., *Cómo hacer una tesis y elaborar todo tipo de escritos*. Buenos Aires. Lumen/Hvmanitas.1998. 2ª edición.

Se trata de una guía para trabajos científicos y, en general, para todo tipo de trabajos que no sean de ficción. Ofrece una parte descriptiva de su estructura y características y otra parte dedicada a los aspectos prácticos y operativos de la redacción científica. En este último caso expone los métodos y técnicas para su realización. Es un libro de buen estilo y fácil lectura.

–Sierra Bravo, R., *Tesis doctorales y trabajos de Investigación Científica*. Madrid. Paraninfo. 1999. 5ª edición.

Es un texto clásico. Ofrece abundante documentación sobre normativas españolas para la realización de tesis doctorales. Por vincular el tratamiento del proceso de investigación con los trabajos de doctorado, gran parte de la obra está destinada a metodología general. Además del propósito que expresa su título, es un manual de técnicas generales de investigación.

BIBLIOGRAFÍA CITADA

American National Standards Institute. 1979. *American National Standard for Bibliographic References*. New York.

Day, Robert. 1996[2a]. *Cómo escribir y publicar trabajos científicos*. Washington, D.C. Organización Panamericana de la Salud.

Dei. H. Daniel (edit.). 2002. *Pensar y hacer en investigación*. 2 tomos. Buenos Aires. Docencia.

Destro, Lucía A. 2008. "Qué es y qué no es un problema de investigación", en Chitarroni, Horacio (coord.) *La investigación en Ciencias Sociales: lógicas, métodos y técnicas para abordar la realidad social"*. Buenos Aires. Ediciones del Salvador; pp. 55-71.

Eco, Umberto. 2000[24a]. *Cómo se hace una tesis. Técnicas y procedimientos de estudio, investigación y escritura*. Traducción L. Baranda y A. Clavería Ibañez. México, Gedisa. Col. Libertad y Cambio. Serie Práctica.

Merler, Jorge. 1990. En *Expobeca 90. Expociencia*. Universidad de Buenos Aires. Secretaría de Ciencia y Técnica, col. 1, p.42. [Resúmenes de los trabajos de investigación desarrollados por Becarios de la UBA].

Ros, Juan Manuel. 2001. *Los dilemas de la democracia liberal. Sociedad y democracia en Tocqueville*. Barcelona. Crítica. Col. Filosofía.

Sabino, C. A., *Cómo hacer una tesis y elaborar todo tipo de escritos*. Buenos Aires. Lumen / Hvmanitas.1998.

Thom, René. 1993[2a]. *Parábolas y catástrofes. Entrevista sobre matemática, ciencia y filosofía*. Realizada por Giulio Giorello y Simona Morini. Traducción de Manuel Escrivá de Romaní. Barcelona. Col. Metatemas 11. Libros para pensar la ciencia.

Turabian, Kate L. 1996[6a]. *A manual for writers of term papers, theses, and Dissertations*. Chicago. The University of Chicago Press.

Índice Temático

H. Daniel Dei

www.ingramcontent.com/pod-product-compliance
Lightning Source LLC
Chambersburg PA
CBHW081721250726
48657CB00010B/3071